성경 전체 관통하기 성경교재

이미지 포인트 성경관통

김정식 • 주영광 저

해피비전
HAPPY

이미지 포인트 성경관통

2012년 5월 5일 초판 1쇄 발행

지은이 / 김정식 • 주영광 저

발행인/ 주재홍
편집디자인 / 정경옥
펴낸곳 / 해피비전
등록번호 / 제 385-2008-00006 호
주소 / 경기도 안양시 동안구 호계2동 918-19, 화성빌딩 202A
전화 / (031) 348-9377, 팩스/ (031) 454-9381

값 / 7,500원

해피비전은 현장에서 필요한 도서를
출간하기 위해 최선을 다하고 있습니다.
http://www.hv365.co.kr

Contents

이미지 포인트 성경관통

머리말 1

김정식 목사

하나님은 인간들에게 사람들의 언어로 말씀을 주셨습니다. 그리고 거기서 우리와 만남의 장을 열어 주셔서 우리의 마음을 만지시기도 하고, 치료하시기도 하며, 삶의 환경들을 열어 주시며, 때론 깨닫게도 하시고, 회개를 시키시기도 하며, 인생의 깊이를 더해 가도록 하는 성숙의 장으로 안내해 줍니다.

그런 하나님의 말씀을 보고 듣고 만져보기도 하는 체험의 현장들이 시대를 지나면서 점점 멀어져 간다는 안타까움을 가지게 됩니다.
사회의 발전과 세상의 변화는 더더욱 하나님과 가까운 시간들을 가지도록 하는 것이 아니라 점점 더 멀어지게 하기에 하나님의 말씀이 우리 안에서 역사할 공간들을 잃어 간다고 봅니다.

그러기에 우리의 삶의 궁극적인 문제는 사회의 발전에 있다고 보기보다는 하나님과의 거리가 점점 멀어지는데 그 원인이 있다고 생각합니다. 따라서 인생의 모든 문제의 해답을 사회에서 찾으려 하지 말고 가까이 하나님에게서 찾으려는 시도를 할 때 하나님과의 만남은 물론이거니와 삶의 궁극적인 문제의 해답을 발견하게 될 것입니다.
그러므로 우리는 성경으로 돌아가야 하는데 문제는 성경을 아무리 탐독을 해도 하나님의 말씀하심을 제대로 듣지 못한다는 안타까움이 있습니다. 그래서 여기 쉽게 하나님을 만나는 지름길을 안내하는 책을 만들어 모든 성도들과 함께 나누기를 바라는 마음으로 이 책을 만들게 되었습니다.

성경은 하나님의 감동으로 기록된 유일한 하나님의 말씀으로 구약 39권, 신약 27권으로 구성된 놀라운 생명의 말씀입니다. 더욱 놀라운 것은 약 1600여년에 (구약 1500년, 신약 100년)걸쳐 기록된 말씀이지만 즉 시대가 다르고 기록한 사람이 다르지만 모두가 전달하는 메시지가 모순이 아닌 일관된 구원의 메시지를 담고 있다고 하는 특징을 가지고 있습니다.

다만, 성경을 자세하게 들여다보는 것도 중요 하겠지만, 이 책에서는 성경 전체를 통으로 보면서 12시대로 구분하여 그 시대에 있었던 사건들을 도표를 통하여 눈과 귀로

보면서 정리를 하고, 기록된 내용을 형상화한 이미지를 통하여 생각과 마음속에 오래 남도록 하고자 이 책을 성도들에게 선물로 주고자 합니다.

마지막으로 저자는 이미지 포인트 성경관통을 통하여 하나님께 영광을 돌려 드리며, 작은 씨앗을 통하여 거목으로 자라 쓰임 받게 되기를 기도합니다.

무지개 교회 김정식 목사

머리말 2

주영광 목사

사람에게는 누구나 추구하는 가치가 있습니다. 어떤 사람은 돈에 가치를 두고, 어떤 사람은 명예에 가치를 둡니다. 그러나 성도라면 성경이 절대적인 가치가 되어야 합니다. 성경을 알아도 되고 몰라도 되는 책이 아닙니다. 성경은 반드시 알아야 합니다. 성경은 우리에게 하나님께 나아가는 길을 알게 해주고 하늘나라로 인도해 주는 나침반이자 이정표입니다. 그러나 안타깝게도 많은 성도들이 성경에 대한 이해와 지식이 빈약한 것이 사실입니다.
성경을 알기 위해서는 먼저 성경 전체에 대한 흐름을 알고 있어야 합니다. 성경전체에 대한 흐름을 모르면 성경이 재미가 없고 이해하기가 아주 난해합니다. 먼저 성경전체를 파노라마처럼 알고 있어야 합니다.

필자는 성경을 보다 쉽고 오래 기억하는 방법을 연구하던 중 이미지와 영상으로 기억하는 우뇌학습법을 만들었습니다. 우뇌학습법은 암기할 내용을 이미지와 영상으로 전환해서 외우는 것입니다. 옛말에 "백문이 불여일견" 이라는 말이 있습니다. 백번 듣는 것 보다 한 번 보는 것이 효과가 있다는 것입니다. 즉 성경을 그림으로 전환해서 공부하는 것입니다.

사람의 두뇌는 좌뇌와 우뇌로 되어있습니다. 좌뇌는 논리와 언어를 담당하고 우뇌는 이미지와 영상을 담당합니다. 성경을 쉽고 오래 기억하기 위해서는 좌뇌보다는 우뇌적인 학습이 효과적입니다. 우뇌적인 방법은 이미지와 영상으로 성경을 공부하는 것입니다. 이제 성경을 부분적으로 보지 말고 성경전체를 보는 훈련을 해야 합니다. 본 교재는 성경 전체를 이미지로 암기할 수 있도록 구성되어 있습니다. 성경 전체를 12시대로 구분하고, 각 시대마다 중요 포인트를 잡아서 성경 전체를 쉽게 이해하고 공부할 수 있도록 만들었습니다.

이미지 포인트 성경관통이 나올 수 있도록 아이디어를 주신 하나님께 감사드립니다. 이 책이 나올 수 있도록 함께 노력하신 김정식 목사님께 감사를 드리고, 또한, 많은 시간 함께 해준 나의 반쪽인 아내에게도 감사드립니다.

이미지 성경 교육원 대표 주 영 광 원장

추천서

김정식 목사는 우리 대학과 대학원을 우수한 성적으로 졸업하고 목회와 성경교육에 전념하는 현직 목사입니다. 이번에 김목사가 평소에 신자들을 교육하던 성경 공부 교재를 정리해서 『이미지 포인트 성경관통』이라는 책을 펴낸다고 합니다. 일부 내용을 살펴보니, 성경을 단순히 내용 중심으로만 공부하는 것이 아니라 여러 종류의 이미지를 통해서 내용을 이해하고 연결해서 의미와 내용을 쉽게 파악하게 하는 방법이 제시되어 있었습니다.

신학을 전문적으로 공부하지 않은 사람은 성경의 책 이름을 차례로 암기 한다거나 내용을 연결해서 이해하기가 여간 어려운 일이 아닌데 이 책이 소개하는 방법으로 공부할 경우 공부와 암기가 용이할 것 같습니다. 이 책은 먼저 성경 66권 전체의 윤곽을 파악하게 하고, 다음 단계로 각 책의 주요 내용을 연결시켜 이해할 수 있게 해 줍니다.

이 책의 장점은 문자로 된 성경을 이미지화해서 쉽게 기억하고 한 번 기억한 것을 잊지 않게 해 준다는 장점을 가지고 있습니다. 성도들은 『이미지 포인트 성경관통』을 통해서 성경의 맥을 파악하고 성경 전체를 한 눈에 볼 수 있을 것입니다. 여러분의 성경공부와 신앙생활에 큰 유익이 될 것을 기대하며 이를 추천하는 바입니다.

2009년 10월 15일

침례신학대학교

총장 도한호

기억의 원리

Brain

이미지로 기억하는 두뇌의 기본 원리

"오늘날 내가 네게 명하는 이 말씀을 너는 마음에 새기고" (신명기 6:6)

하나님은 성도들에게 말씀을 마음에 새기라고 합니다. 마음에 새긴다는 것은 두뇌 안에 기억하라는 것입니다. 사람의 기억은 심은 대로 거두는 법칙이 있습니다. 기억은 자신에게 중요하다고 생각하는 정보는 쉽게 기억하지만, 자신에게 중요하다고 생각되지 않는 정보는 잘 기억되지 않습니다.

먼저 성경을 기억하기 위해서는 성경을 기억해야 한다는 다짐을 하고 강한 의지가 있어야 합니다. 성경을 기억해야 한다는 의지와 마음이 있을때 성경을 기억할 수 있습니다.

사람의 기억에는 단기기억과 장기기억이 있습니다. 단기기억은 짧은 시간 동안 기억하고 버려지는 정보를 의미합니다. 생활하면서 잠깐 기억했다가 금방 잃어버리는 기억입니다.

반면에 장기기억은 오랫동안 기억하고 있는 정보입니다. 정말 중요한 정보는 장기기억에 입력해야 합니다. 성경은 대단히 중요한 정보이므로 당연히 장기기억에 저장해야 합니다. 성경을 장기기억을 하기 위해서는 노력을 해야 합니다.

장기기억에 저장하기 위해서는 몇 가지 방법을 알고 있어야 합니다.

첫째: 성경에 대한 애정과 사랑이 있어야 합니다.

장기기억은 소중하고 중요한 정보만 들어가는 공간이므로 하나님의 말씀을 사랑하는 마음을 먼저 가지고 있어야 합니다.

둘째: 이미지와 상상력을 이용합니다.

장기기억은 단어로만 기억하는 내용은 오래 기억하기 힘듭니다. 하지만 이미지와 영상으로 입력되는 정보는 오랜 시간 기억할 수 있습니다.

셋째: 반복적인 노력을 해야 합니다.

성경을 장기기억으로 하루아침에 저장할 수 없습니다. 성경을 반복적으로 외울 때 좀 더 빨리, 좀 더 쉽게, 오랜 시간 기억할 수 있습니다.

좌뇌와 우뇌

Brain

이미지로 기억하는 두뇌의 기본 원리

사람의 두뇌는 언어로 기억하는 것보다 이미지로 기억하는 것이 훨씬 효과적이라고 했습니다. 사람의 두뇌는 좌뇌와 우뇌로 구성되어 있습니다. 좌뇌는 언어와 논리를 담당하고, 우뇌는 이미지와 상상력을 담당합니다.

성경을 잘 기억하고 싶다면 언어로 기억하는 좌뇌로 기억하는 것보다는 이미지와 상상력으로 기억하는 우뇌로 기억하는 것이 좋습니다.

성경을 외우기 위해서 단어를 그림으로 전환하는 연습을 해야 합니다. 성경을 기억할려고 해도 잘 안 되는 이유는 기억의 단서가 없거나, 외워야 할 중요성을 느끼지 못하기 때문입니다. 이때 성경을 이미지로 의미를 부여해서 외우면 효과적으로 외울 수 있습니다.

기억법의 아주 중요한 법칙 중에 하나는 새로운 정보를 이미 알고 있는 정보에 연결해서 기억하면 아주 쉽게 기억할 수 있습니다. 새로운 정보에 자신이 이미 알고 있던 정보와 연결시키는 것이 바로 연상법입니다. 여기서 더 나아가 의미를 부여한 성경을 이미지와 영상으로 표현하여 기억한다면 아주 오랫동안 장기기억에 담아둘 수 있습니다.

성경을 쉽고 오래 기억하기 위해서는 자신의 생각을 이미지로 표현하는 연습을 많이 해야 합니다. 이것이 좌뇌에서 우뇌로 전환하는 방법입니다.

성경은 왜 읽어야 하는가?

Brain

성경 전체 흐름을 잡기 위한 출발점

성경을 읽기 전에 먼저 성경을 왜 읽어야 하는지에 대한 정의가 있어야 합니다.

1 성경을 읽는 것은 하나님의 명령입니다.

"예수께서 가라사대 네 마음을 다하고 목숨을 다하고 뜻을 다하여 주 너의 하나님을 사랑하라 하셨으니"(마태복음 22:37)

2 성경은 방향을 알려주는 나침반입니다.

"예수께서 가라사대 내가 곧 길이요 진리요 생명이니 나로 말미암지 않고는 아버지께로 올 자가 없느니라"(요한복음 14:6)

3 성경은 마음의 양식입니다.

"예수께서 대답하여 가라사대 기록되었으되 사람이 떡으로만 살 것이 아니요 하나님의 입으로 나오는 모든 말씀으로 살 것이라 하였느니라 하시니"(마태복음 4:4)

4 성경은 믿음을 성장시켜 줍니다.

"갓난아이들같이 순전하고 신령한 젖을 사모하라 이는 이로 말미암아 너희로 구원에 이르도록 자라게 하려 함이라" (베드로전서 2:2)

5 성경은 길을 안내하는 빛입니다.

"주의 말씀은 내 발에 등이요 내 길에 빛이니이다" (시편 119:105)

6 성경은 죄를 이기게 하는 검입니다.

"구원의 투구와 성령의 검 곧 하나님의 말씀을 가지라" (에베소서 6:17)

7 성경은 마음의 거울입니다

"누구든지 도를 듣고 행하지 아니하면 그는 거울로 자기의 생긴 얼굴을 보는 사람과 같으니" (야고보서 1:23)

성경을 왜? 7가지 이미지

그림으로 전환해서 외워보기

1. 성경을 읽는 것은 하나님의 명령입니다. → 

2. 성경은 방향을 알려주는 나침반입니다. → 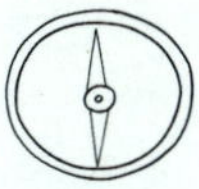

3. 성경은 마음의 양식입니다. → 

4. 성경은 믿음을 성장시켜 줍니다. → 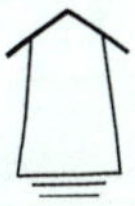

5. 성경은 길을 안내하는 빛입니다. → 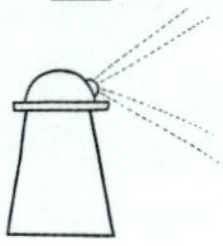

6. 성경은 죄를 이기게 하는 검입니다. → 

7. 성경은 마음의 거울입니다. → 

성경을 왜 읽는 지 나만의 이유를 적어 보세요.

'성경을 왜 읽어야 하는가?' 의 그림을 그려보고, (　　)을 채워 보세요.

1. 

성경을 읽는 것은
하나님의 (　　　　　　)입니다.

2. 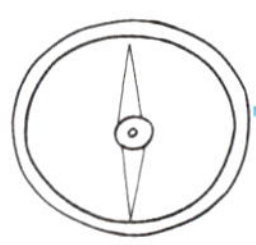

성경은 방향을 알려주는
(　　　　　　)입니다.

3. 

성경은 마음의
(　　　　　　)입니다.

4. 

성경은 믿음을
(　　　　　　)시켜 줍니다.

5. 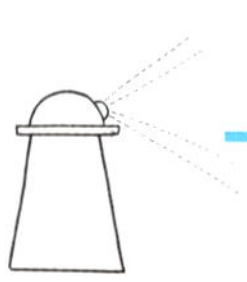

성경은 길을
안내하는 (　　　　　　)입니다.

6. 

성경은 죄를 이기게 하는
(　　　　　　)입니다.

7. 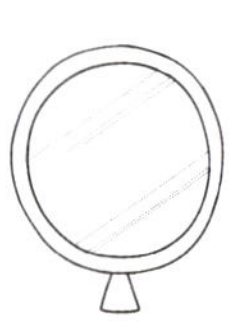

성경은 마음의
(　　　　　　)입니다.

성경을 왜? 7가지 위치배열

전체도형 만들기 기억하기 쉽게 배열해 놓았습니다.

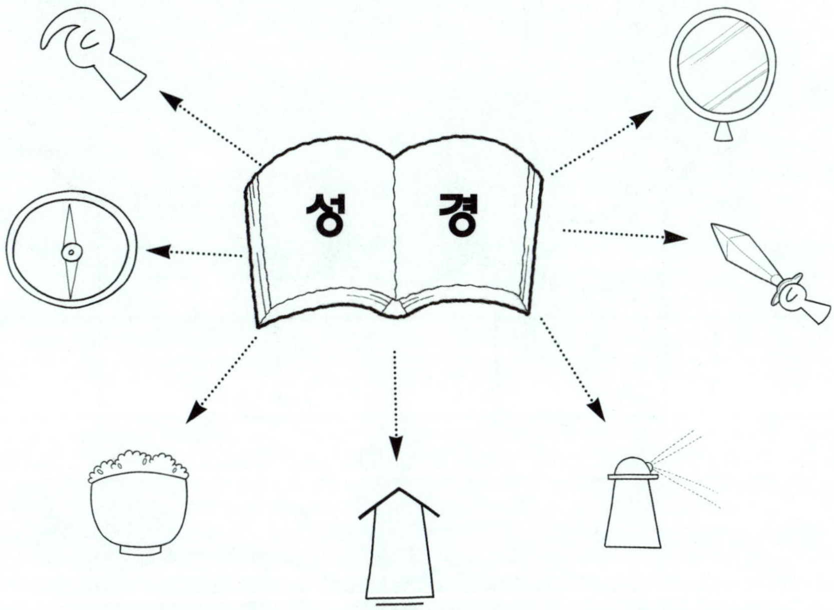

'성경을 왜 읽어야 하는가?' 에 대한 전체 그림의 위치를 정해서 재배열한 것입니다.
앞의 내용을 기억하면서 ________위에 그림의 의미를 써 보세요.

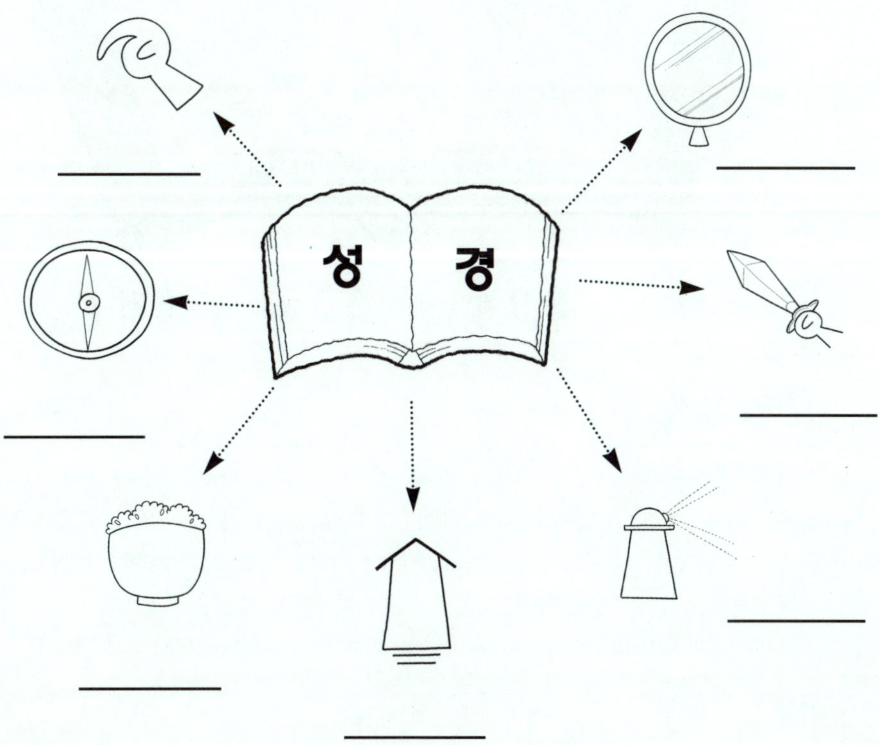

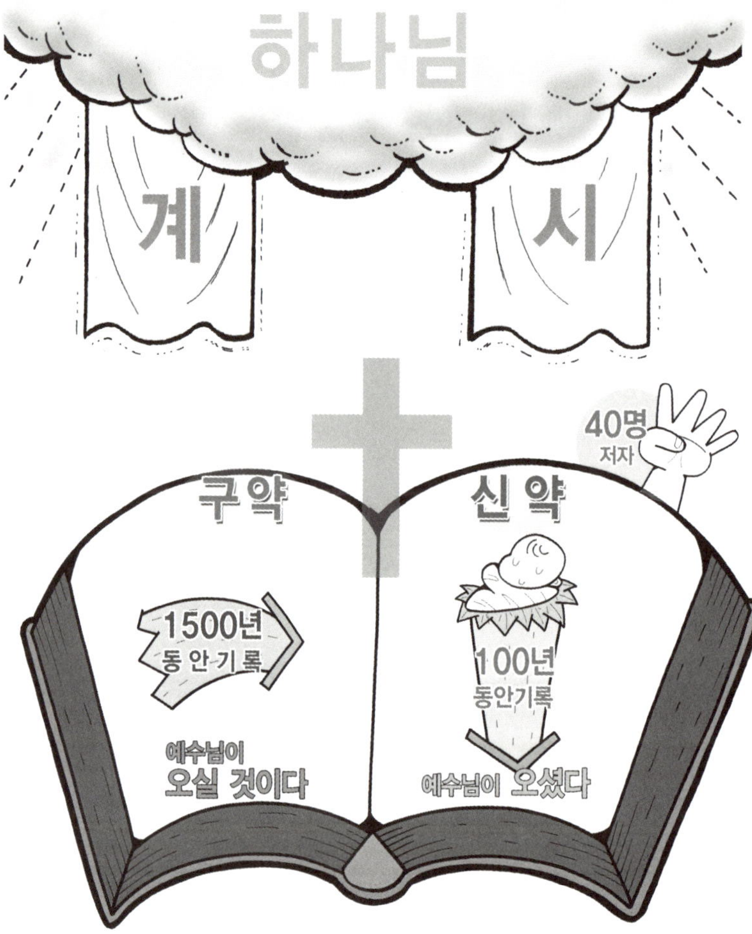

39권 + 27권 = 66권

외워보기

성경의 주인공은 예수님이다(십자가로 표시). 성경은 구약과 신약으로 되어 있다. 구약의 주제는 예수님이 오실 것이다(➔), 신약의 주제는 예수님이 오셨다(↓). 구약은 1500년 동안, 신약은 약 100년 동안 기록했고, 약 40명의 저자에 의해서 기록되었다(손가락 4개). 하나님의 계시를 커튼으로 표현한 것은 '영감' 이란 의미가 마치 커튼이 열리면 밖을 볼 수 있는 것처럼 계시도 하나님이 하늘의 커튼을 열어야 사람이 알 수 있다는 의미에서 표현된 것이다.

성경은 하루아침에 기록되어진 것이 아닙니다. 무려 1600여 년 동안 20여 가지의 직업을 가진 40명의 저자들이 기록한 위대한 책입니다. 성경은 구약과 신약으로 나뉘어졌으며, 구약은 1500년 동안 기록되어졌고, 신약은 100년 동안 기록되어 졌습니다.
놀라운 것은 1600년이란 긴 시간을 두고 기록되었지만 성경은 놀라운 통일성이 있습니다. 구약은 창세기에서 말라기까지 39권으로 되어 있으며, 구약 성경의 주제는 '예수님이 오실 것이다' 입니다. 구약은 예수님이 태어날 것에 대한 예언과 예표로 가득차 있습니다. 신약은 마태복음에서 요한계시록까지 27권으로 되어 있으며, 신약 성경의 주제는 '예수님이 오셨다' 입니다.

성경은 구약 39권, 신약 27권 모두 66권으로 되어 있습니다. 구약은 929장으로 되어 있고, 신약은 모두 260장으로 기록됐습니다.
성경은 사람의 상상력이나 아이디어로 기록되어진 것이 아닙니다. 하나님이 인간에게 계시와 영감을 주어서 그 저자에게 기록하게 하신 것입니다.
"모든 성경은 하나님의 감동으로 된 것으로 교육과 책망과 바르게 함과 의로 교육하기에 유익하니"(디모데 후서 3:16)

성경은 하나님이 계시를 주셔서 사람이 기록한 것입니다. 계시라는 것은 "감추인 것을 드러낸다"라는 뜻이 있습니다. 성경은 잘 쓰여진 문학 작품이나 감동적인 이야기를 서술해 놓은 소설책이 아닙니다. 성경은 살아 계신 하나님의 말씀입니다. 우리가 성경을 온전히 알고 이해하고 싶다면 하나님의 영이 우리 마음속에 임해야 합니다. 그 이유는 성경은 하나님의 영이 임해서 기록되었기 때문입니다. 성경을 읽는 사람들도 성경을 더 알고 싶다면 보혜사 성령님께 의지하고 기도해야 합니다.

이미지로 표현하기

‘성경을 왜 읽어야 하는가?’ 에 대한 그림과 ‘성경개관’ 그림을 모아놓은 이미지입니다. 그림을 보면서 설명해 보세요.

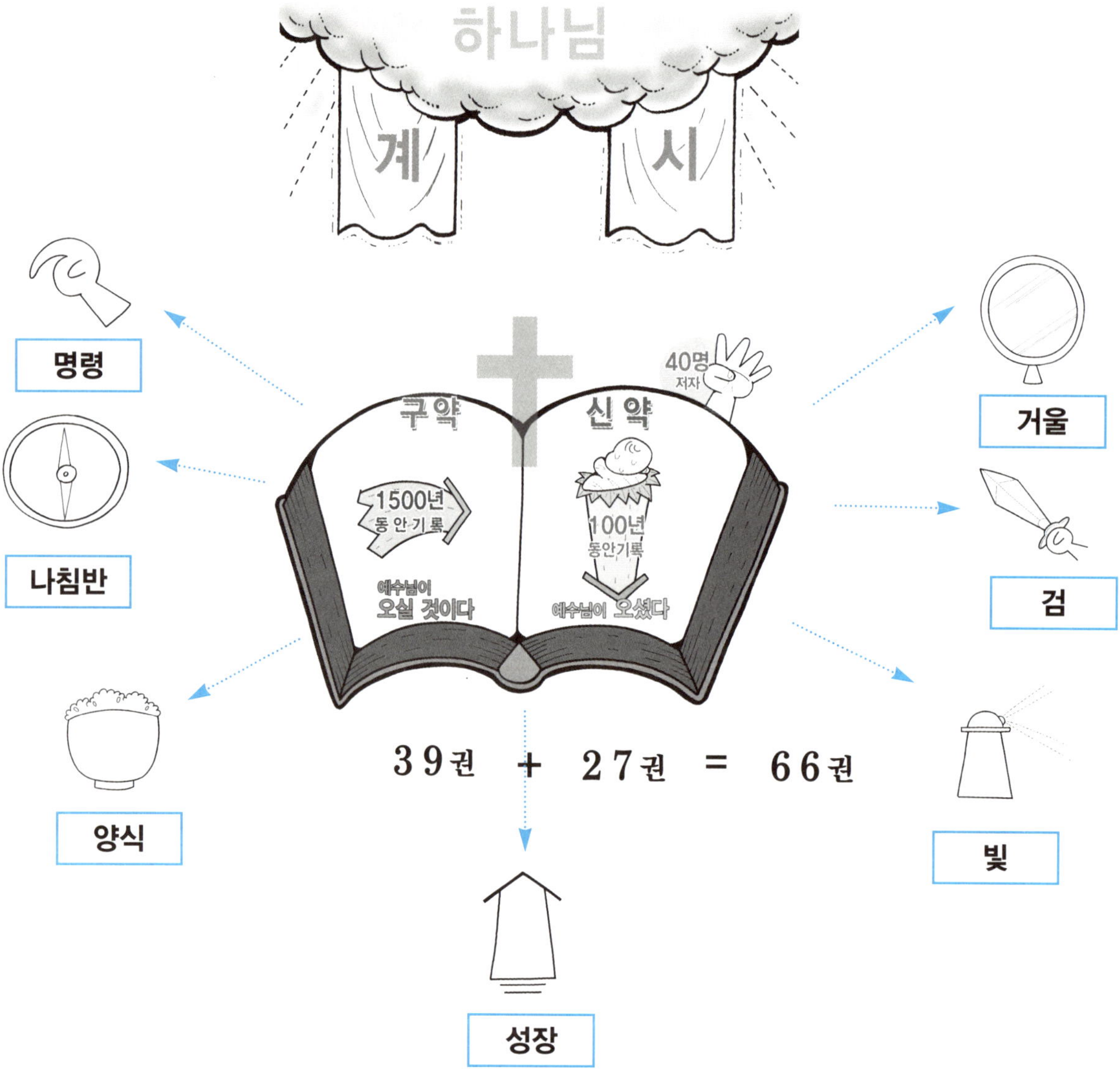

‘성경을 왜 읽어야 하는가?’ 에 대한 그림과 ‘성경개관’ 그림을 기억해서 그려 보세요.

성경 열두 시대

01. 창조시대
02. 족장시대
03. 해방시대
04. 정복시대
05. 사사시대
06. 통일왕국시대
07. 분열왕국시대
08. 포로시대
09. 귀환시대
10. 복음시대
11. 교회시대
12. 선교시대

성경 열두 시대의 전체보기

1	창조시대	하나님이 아름다운 세상과 인간을 창조하셨고, 노아가 방주를 만들었던 시대
2	족장시대	믿음의 조상인 아브라함을 비롯하여 이삭, 야곱, 요셉을 통해 히브리 민족이 태어나는 시기
3	해방시대	400년간 노예로 고통받을 때 하나님이 해방시켜 약속의 땅으로 인도했던 시기
4	정복시대	여호수아가 가나안 땅을 정복하고, 각 지파에게 땅을 분배했던 시기
5	사사시대	왕이 없던 시기로 하나님이 보내주신 사사들에 의해 통치를 받던 시기
6	통일왕국시대	이스라엘이 가장 왕성했던 시기로 120년 동안 이스라엘이 하나가 되었던 시기
7	분열왕국시대	인간의 죄로 이스라엘이 남과 북으로 갈라져 비참했던 시기
8	포로시대	이스라엘 사람들이 바벨론의 포로로 끌려가 70년간 고통받던 시기
9	귀환시대	포로로 잡혀갔던 이스라엘 사람들이 하나님의 도우심으로 3차에 걸쳐 돌아왔던 시기
10	복음시대	하나님의 아들이신 예수님이 말씀을 성취하기 위해 이 땅에 탄생하시고, 사역하시고, 십자가에서 죽으시고 부활한 장엄한 시기
11	교회시대	성령이 오셔서 교회가 세워지고, 교회가 왕성하게 성장했던 시기
12	선교시대	사도 바울이 복음을 듣지 못한 여러 나라에 전도했던 시기

이미지로 표현하기

1 창조시대

번쩍하면서 무엇인가 만들어진다는 의미

2 족장시대

지팡이를 짚고 있는 손

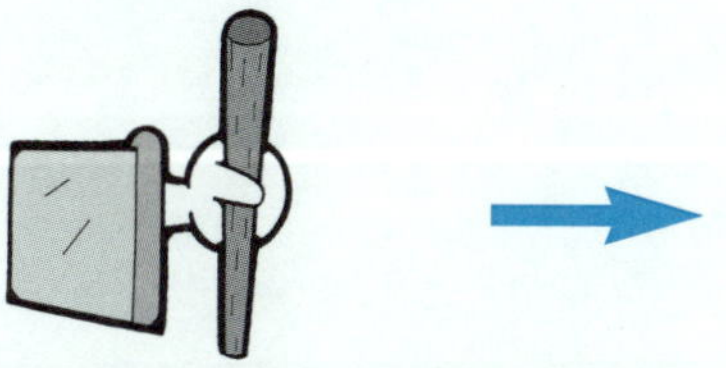

3 해방시대

밖으로 탈출한다는 의미의 화살표와 십계명 돌판

4 정복시대

가나안 땅을 정복하는 칼

이미지로 표현하기

5 사사시대

손가락 4개를 편 모양 '사사'

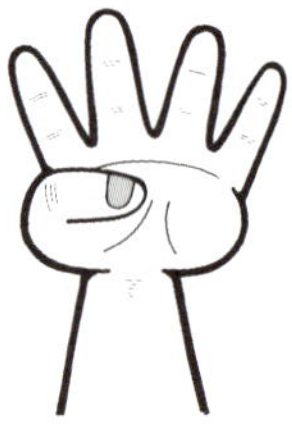

6 통일왕국시대

왕의 왕관

7 분열왕국시대

왕관이 갈라졌듯이 이스라엘이 나누어졌다는 의미

8 포로시대

70년 동안 포로 생활을 의미하는 쇠고랑

이미지로 표현하기

9 귀환시대

이스라엘로 돌아왔다는 의미

→

10 복음시대

예수님의 이야기가 기록되어 있는 성경

→

11 교회시대

교회 그림

→

12 선교시대

입을 크게 벌려 복음을 전하는 사람

→

성경 열두 시대의 주요 인물과 내용

	시 대	주요 인물	주요 내용
창조시대		아담, 하와, 아벨, 에녹, 노아, 셈, 함, 야벳	① 창조: 아름다운 세상을 하나님의 말씀으로 창조하심 ② 타락: 죄와 고통이 세상 안으로 들어옴 ③ 노아의 방주: 미래를 준비한 아름다운 한 사람 ④ 바벨탑: 인간들이 높아지려는 교만함으로 무너진 탑
족장시대	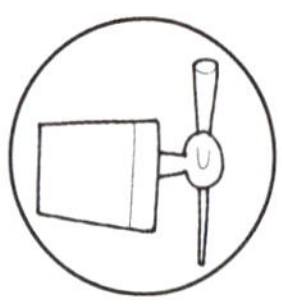	아브라함, 롯, 이삭, 야곱, 에서, 유다, 요셉, 욥, 엘리바스, 빌닷, 소발, 엘리후	① 아브라함: 히브리 민족의 조상이자 믿음의 조상 ② 이삭: 순종의 아들이며 언약의 다리를 놓아준 사람 ③ 야곱: 축복을 위해 치열하게 살았던 이스라엘 국가의 조상 ④ 요셉: 꿈꾸는 소년에서 애굽의 총리까지 된 인물
해방시대	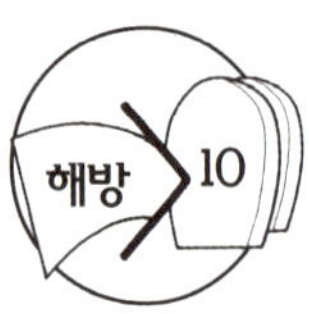	모세, 아론, 미리암, 바로 왕, 이드로, 고라, 발람, 비느하스	① 해방: 힘겨운 노예 생활에서 해방된 이스라엘 ② 십계명: 시내산에서 백성들에게 주신 하나님의 계명 ③ 불신앙: 가데스 바네아에서 하나님을 반역한 무리들 ④ 40년 광야생활: 하나님을 거역한 백성들의 제자리 걸음
정복시대		여호수아, 갈렙, 라합, 아간	① 요단강을 건너다: 하나님의 능력으로 요단강이 갈라지다 ② 여리고 성 정복: 하나님의 힘으로 무너진 견고한 성 ③ 가나안 땅 정복: 가나안 족속을 멸망시키다 ④ 가나안 땅 분배: 이스라엘 12지파에게 땅을 나누어 줌
사사시대		에훗, 바락, 드보라, 기드온, 입다, 삼손, 룻, 나오미, 보아스, 한나, 엘리, 사무엘	① 사사 선택: 이스라엘 백성들을 인도했던 지도자들 ② 백성들의 죄악: 하나님의 말씀을 어기고 마음대로 산 백성들 ③ 죄의 악순환: 반복하여 죄를 짓고 고통스러워하는 백성들 ④ 룻 : 예수님의 족보에 올라간 이방 여인
통일왕국시대		사울, 다윗, 솔로몬, 요압, 아브넬, 압살롬, 골리앗, 밧세바, 나단, 스바의 여인	① 사울: 이스라엘 초대 왕으로 하나님께 버림받은 비극적인 왕 ② 다윗: 하나님께 인정받았던 위대한 왕 ③ 솔로몬: 이 세상 최고의 지혜를 가졌으나 우상숭배로 비참한 왕

	시　대	주요 인물	주요 내용
분열왕국시대		여로보암, 르호보암, 아합, 예후, 아사, 웃시야, 호세아, 여로보암 2세, 히스기야, 므낫세, 엘리야, 엘리사,	① 왕국 분열의 시작: 솔로몬의 우상숭배로 이스라엘이 두 나라로 갈라짐 ② 북 이스라엘: 하나님께 버림받았던 비참한 왕국 ③ 남 유다: 하나님을 잘 섬겼다가, 섬기지 않았다가 했던 어리석은 왕국
포로시대		예레미야, 다니엘, 느부갓네살, 사드락, 메삭, 아벳느고, 에스겔, 벨사살왕, 다리오왕	① 포로시대의 예언 : 다가올 포로 생활을 눈물로 호소했던 예레미야 ② 포로시대의 슬픔 : 포로 생활 속에서도 고통과 고난 속에서 말씀을 전한 에스겔 ③ 포로시대의 깨달음 : 포로의 슬픔 속에서 장차 임할 영광을 선포한 다니엘
귀환시대		에스라, 스룹바벨, 고레스, 느헤미야, 아하수에르, 에스더, 모르드개, 하만, 아닥사스다	① 포로귀환: 70년 노예 생활이 끝나고, 3차에 걸쳐 돌아옴 ② 성전재건: 1차 귀환 후에 백성들은 폐허가 된 예루살렘에서 먼저 성전을 재건 ③ 영적재건: 2차 귀환 후에 에스라가 백성들에게 율법을 가르침 ④ 성벽재건: 느헤미야는 무너진 성벽을 재건하여 적들에게 조롱받지 않도록 함
복음시대		예수님, 마리아와 요셉, 열두 사도, 빌라도와 헤롯, 세례 요한, 나사로, 막달라 마리아	① 탄생과 어린시절: 하나님의 아들 예수님이 이 땅에 오심 ② 3년 사역: 하나님 나라를 확장하기 위해 사역했던 3년 ③ 십자가: 인류의 구원을 위해 십자가를 지시고 죽으심 ④ 부활 승천: 죽음을 이기시고 부활하신 예수님
교회시대		베드로, 빌립, 스데반, 바울, 바나바, 실라, 디모데, 야고보, 고넬료	① 교회의 탄생: 예수님의 승천 후 성령이 강림하고 교회가 세워짐 ② 교회의 성장: 성령이 충만한 제자들이 교회를 성장시킴 ③ 교회의 핍박: 복음을 전하는 곳마다 핍박으로 여러 지역으로 흩어짐 ④ 교회의 확장: 핍박을 피해 여러 지역으로 흩어져 복음을 전하자 교회가 놀랍도록 확장됨
선교시대		바울, 실라, 브리스길라와 아굴라	① 1차 선교여행: 바울로 인해 복음이 이방인에게 전해짐 ② 2차 선교여행: 마게도냐 사람의 환상을 보고 유럽으로 복음을 전함 ③ 3차 선교여행: 바울이 1, 2차 선교 여행 때 세운 교회를 격려하고 양육하기 위한 여행 ④ 로마 선교여행: 바울이 자처하여 로마로 복음을 전하기 위한 여행

1. 창조시대

1 창조 : 아름다운 세상을 하나님의 말씀으로 창조하심

2 타락 : 죄와 고통이 세상 안으로 들어옴

3 노아의 방주 : 미래를 준비한 아름다운 한 사람

4 바벨탑 : 인간들이 높아지려는 교만함으로 무너진 탑

이미지로 외우기

다음 이미지를 그리면서 외워보세요.

1 

창조

2 

타락

3 

노아의 방주

4 

바벨탑

창조

1. 창조시대 (태초 ~ B.C.2166)

<table>
<tr><th>구분</th><th>사건내역</th><th>성구</th><th>은혜</th></tr>
<tr><td>천지창조</td><td>하나님의 천지 창조
제 1일-빛
제 2일-궁창
제 3일-땅, 채소, 과목
제 4일-해, 달, 별
제 5일-물고기, 새
제 6일-육축, 짐승, 인간
제 7일-안식일</td><td>창1:1-2:3</td><td><table>
<tr><th>제 1일</th><th>제 2일</th><th>제 3일</th></tr>
<tr><td>빛
(낮,밤)</td><td>궁창
(하늘,물)</td><td>땅,채소
(풀,채소,과일)</td></tr>
<tr><th>제 4일</th><th>제 5일</th><th>제 6일</th></tr>
<tr><td>해,달,별
(빛,어두움)</td><td>새,물고기
(번성)</td><td>육축,사람
(선물)</td></tr>
</table></td></tr>
<tr><td>타락</td><td>인간의 타락
가인과 아벨의 제사
가인이 아벨 살인
아담의 세 아들 셋의 출생
아담의 죽음
에녹의 출생과 승천</td><td>창3:1-24
창4:1-7
창4:8-15
창4:25
창5:4,5
창5:18-24</td><td>• 인류 최초의 ________

• 300년 동안 하나님과 ________</td></tr>
<tr><td>노아의 대홍수</td><td>노아 출생
인간의 죄악 관영
노아의 의로움
노아의 방주 건조 착수
노아와 가족 및 동물들의 승선
대홍수의 시작
40일 동안의 비
150일 동안 물이 창일함
물이 감함
노아 방주의 아라랏산 정박
산봉우리들이 보임
땅에 물이 걷힘
노아와 가족 및 동물들의 하선
노아의 감사 제사
하나님의 무지개 언약
노아의 술 취하는 실수
노아의 세 아들에 대한 축복과 저주
노아의 죽음</td><td>창5:29
창6:1-7
창6:8-12
창6:13-22
창7:1-9
창7:10-12
창7:11,17
창7:24
창8:1,3
창8:4
창8:5
창8:13
창8:15-19
창8:20-22
창9:8-17
창9:20-23
창9:24-27
창9:28-29</td><td>• 노아는 _____ 를 입었더라(8)
• 너를 위하여 _____를 지어라(14)
- 너와 함께 ______을 보존케 하라

• 방주에서 경과된 시간(1년12일)
(365+12=377일)
- 기다린 날 수 7일
- 물이 창일함 150일
- 물이 줄어듬 150일
- 땅이 마름 70일
합: 377일

• 향년 _______ 세</td></tr>
<tr><td>바벨탑</td><td>노아 후손의 번성
바벨탑 건축과 인류의 분산</td><td>창10:1-32
창11:1-9</td><td>야벳: 유럽인,
함: 아프리카인,
셈: 중동 및 아시아인</td></tr>
</table>

잠깐만!

⊙ 에덴 동산 위치로 추정되는 곳

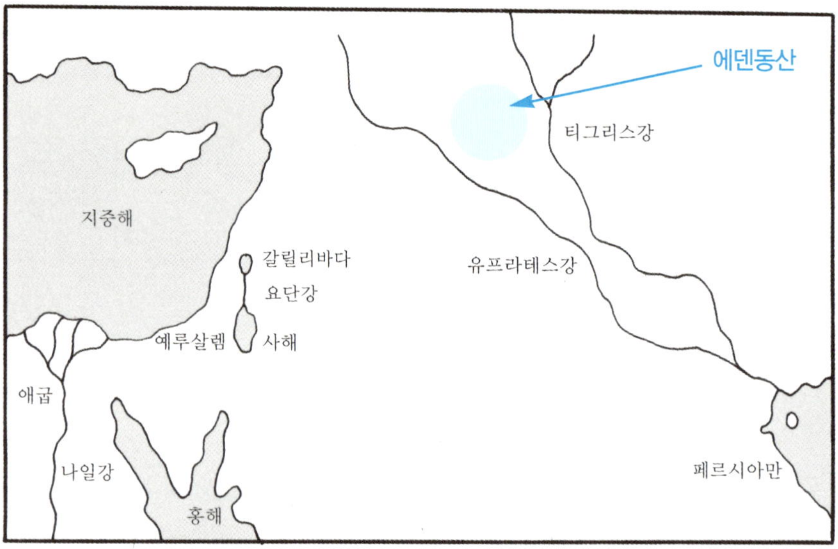

⊙ 족장들의 과연 얼마나 살았는지 알아볼까요?

노아의 홍수 이전		노아의 홍수 이후	
아담	930년	셈	600년
셋	912년	에벨	464년
에노스	905년	데라	205년
에녹	365년	아브라함	175년
무드셀라	969년	이삭	180년
라멕	777년	야곱	147년
노아	950년	요셉	110년

▶ 홍수 이전에 족장들은 아주 오래 살았으나, 홍수 이후에는 인간의 수명이 급격하게 짧아졌다. 홍수 이후에 환경변화가 인간의 수명에 좋지 않은 영향을 준 것으로 추측한다.

A 정답

p27
- 살인
- 방주
- 동행
- 생명
- 은혜
- 950

2. 족장시대

① 아브라함 : 히브리 민족의 조상이자 믿음의 조상

② 이삭 : 순종의 아들이며 언약의 다리를 놓아준 사람

③ 야곱 : 축복을 위해 치열하게 살았던 이스라엘 국가의 조상

④ 요셉 : 꿈꾸는 소년에서 애굽의 총리까지 된 인물

이미지로 외우기

※ 다음 이미지를 그리면서 외워보세요.

1 

아브라함

2 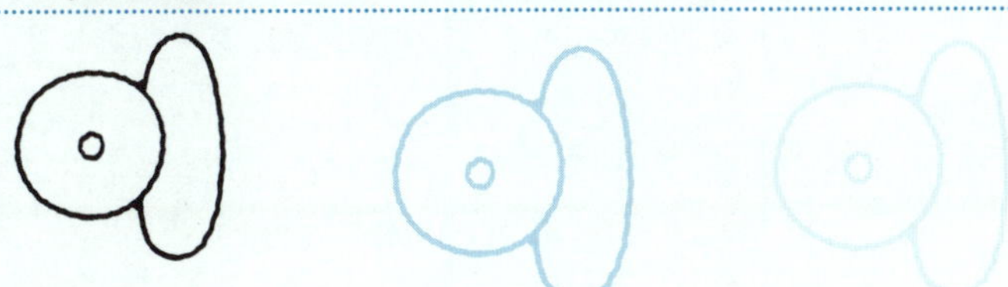

이삭

3 

야곱

4 

요셉

2. 족장시대(B.C. 2166 - 1805)

구분	사건내역	성구	은혜
아브라함	아브라함의 출생	창11:26	• 데라가 70세에 ________을 낳음
	아브라함의 하란 이주	창11:31, 행7:4	(205세에 데라가 죽음)
	아브라함 아버지 데라의 사망	창11:32	
	아브라함의 소명	창12:1-3	• 우르 제3왕조
	아브라함의 하란 출발	창12:4	• 아브라함의 나이 ____세(부르심을 받음)
	아브라함의 가나안 땅 도착	창12:5	• 가나안 땅은 성도들이 ________
	아브라함이 세겜에서 단을 쌓음	창12:6,7	안에서 받을 새 하늘과 새 땅을
	벧엘과 아이 사이에서 단을 쌓음	창12:8	의미함
	아브라함의 실수	창12:10-20	• 아내를 ______라 칭함
	아브라함의 가나안 땅 귀환	창13:1-4	
	롯이 아브라함을 떠남	창13:5-13	
	아브라함 언약	창13:14-18	
	가나안 남북 전쟁	창14:1-12	
	아브라함의 롯 구출	창14:13-16	• ______인을 데리고 조카와 가족을 구출
	아브라함에 대한 멜기세덱의 축복	창14:18-20	
	아브라함 언약	창15:1-5	
	아브라함의 칭의	창15:6	
	횃불 언약 체결	창15:7-21	• ________으로 의롭다함 받음
	이스마엘 출생	창16:1-16	• 불순종이 후손들을 ______년간
	아브라함 언약	창17:1-8	종살이를 하게함(새를 쪼개지 않음)
	할례 언약 체결	창17:9-14	• 하나님과 이스라엘의 언약 관계
	이삭의 출생 예언	창17:15-22	(약속)
	아브라함의 할례수행	창17:23-27	
	아브라함의 세 천사 대접	창18:1-15	
	소돔에 대한 아브라함의 중보기도	창18:22-33	
	소돔과 고모라의 심판	창19:1-28	
	모압과 암몬 족속의 기원	창19:30-38	
	아브라함의 블레셋 이주 실수	창20:1-18	
	이삭의 출생	창21:1-7	
	이스마엘이 이삭을 희롱함	창21:8,9	
	하갈과 이스마엘의 추방	창21:10-21	
	아브라함과 아비멜렉과의 동맹	창21:22-34	
	이삭 희생 제사	창22:1-19	
	사라의 장례와 막벨라 땅 매입	창23:1-20	

구분	사건내역	성구	은혜
이삭	이삭의 결혼	창24:1-67	
	에서와 야곱의 출생	창25:21-26	
	아브라함의 죽음	창25:7-11	•아브라함의 죽음(_____ 세)
	에서가 장자 명분을 팜	창25:27-34	•에서의 삶의 수준
	이삭의 블레셋 이주 실수	창26:1-11	
	블레셋인 들과의 우물 분쟁	창26:12-22	•마침내 축복을 받음(12-14)
	브엘세바에서 제단을 쌓음	창26:23-25	_____가 됨
	이삭과 아비멜렉의 동맹	창26:26-33	
야곱	야곱이 이삭의 축복을 훔침	창27:1-29	
	야곱의 하란 도피	창28:1-7	
	벧엘의 사닥다리 꿈	창28:10-22	• _____하면 영적 현상이 나타남
	야곱이 밧단 아람에 도착함	창29:1-14	
	야곱의 결혼	창29:15-30	•야곱이 라헬과 결혼하기 위해
	야곱의 아들들 출생	창29:31-30:24	_____년을 봉사함
	야곱 일가의 가나안 귀향	창31:17-20	•야곱이 밧단 아람에서
	라반의 추적	창31:21-42	총 _____년간을 체류함
	라반과 야곱의 언약	창31:43-55	
	얍복강가(브니엘)에서 천사와 씨름함	창32:24-32	•인생의 전환 시기
	에서와 야곱의 상봉	창33:1-17	
	디나 강간과 세겜 학살 사건	창34:1-31	
	야곱의 벧엘 제사	창35:1-15	
	베냐민의 출생과 라헬의 죽음	창35:16-20	
	야곱이 기랏아르바(헤브론)에 거함	창35:27	
요셉	야곱의 요셉 편애	창37:1-4	
	요셉의 두 가지 꿈	창37:5-11	•꿈의 사람(_____의 사람)
	요셉이 애굽으로 팔려감	창37:12-36	
	보디발 가의 총무가 됨	창39:1-6	
	보디발 처의 요셉 모함	창39:7-23	
	바로의 두 관원장들의 꿈과 그 해석	창40:1-23	
	이삭의 죽음	창41:1-36	• _____세에 죽음
	바로의 꿈과 해석	창41:37-46	
	요셉의 총리 등극	창41:47-53	•30세로 추정
	7년의 풍년	창41:54-47:28	
	7년의 흉년	창42:1-38	
	야곱의 아들들의 1차 재회	창43:1-45:20	
	야곱의 아들들의 2차 재회	창46:1-7	
	이스라엘 가문의 애굽 이주	창47:1-12	•야곱의 나이 _____세에 애굽행
	야곱 가족의 고센 땅 거주	창47:27-31	(아들 요셉을 통하여 애굽정착)
	야곱의 죽음	창49:33	• _____세 (애굽17년 거주함)
	요셉의 죽음	창50:26	• _____세

잠깐만!

아브라함의 여정

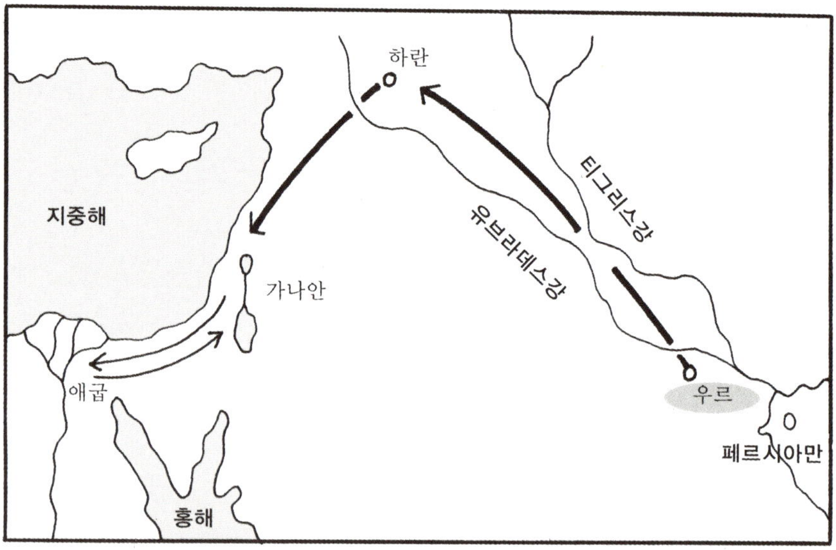

야곱의 여정

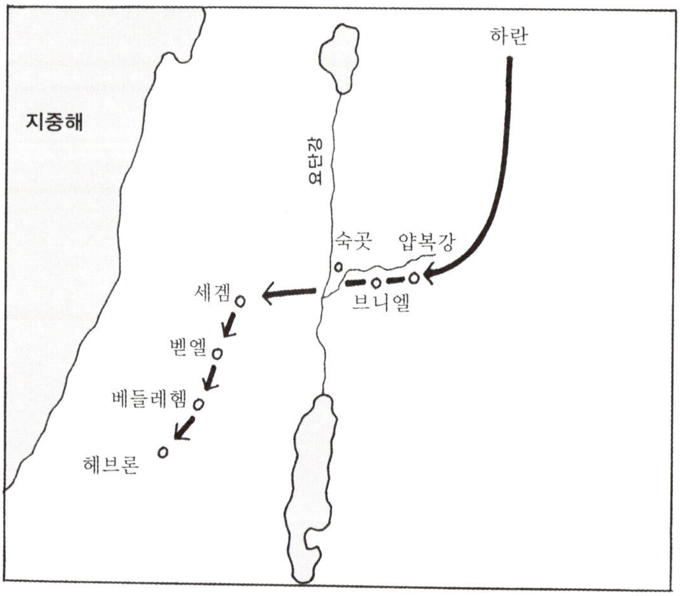

⊙ 아브라함의 자손도

★표는 12지파, ①~⑫야곱의 12아들

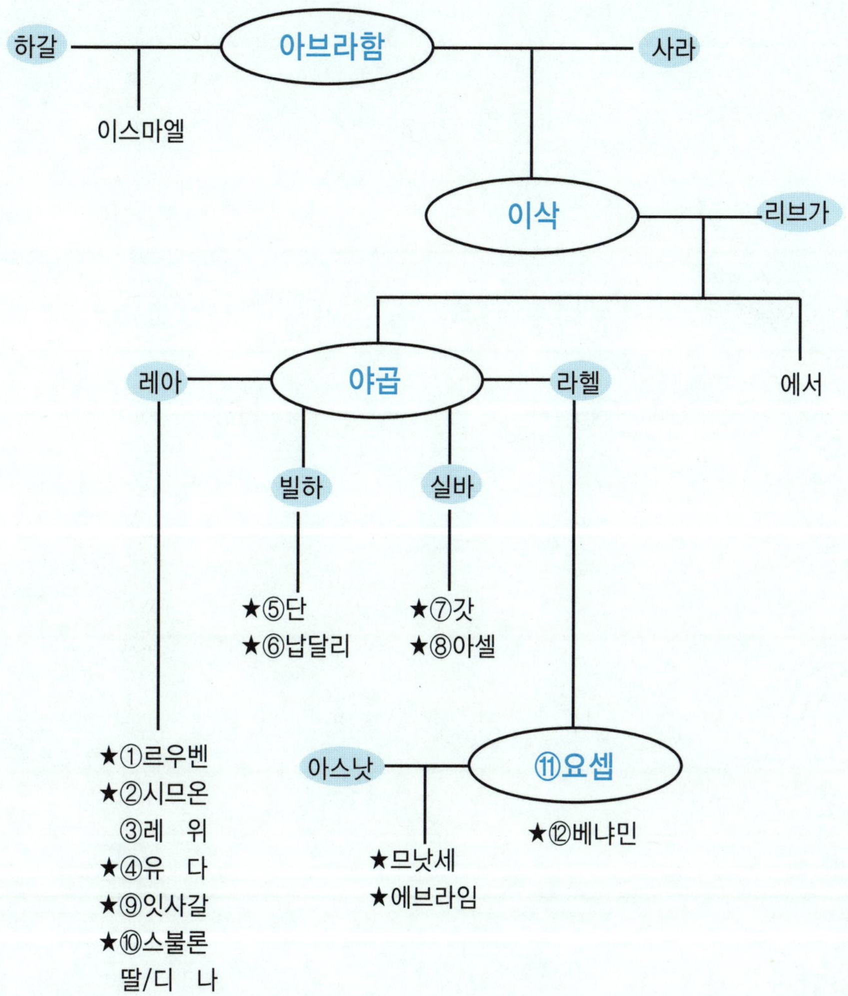

A 정답

p30
- 아브라함
- 75세
- 그리스도
- 누이
- 318
- 믿음
- 400년

p31
- 175세
- 거부
- 기도
- 14년
- 20년
- 비전
- 183세
- 130세
- 147세
- 110세

3. 해방시대

1 해방 : 힘겨운 노예 생활에서 해방된 이스라엘

2 십계명 : 시내산에서 백성들에게 주신 하나님의 계명

3 불신앙 : 가데스 바네아에서 하나님을 반역한 무리들

4 40년의 광야생활 : 하나님을 거역한 백성들의 제자리 걸음

이미지로 외우기

다음 이미지를 그리면서 외워보세요.

1

해방

2

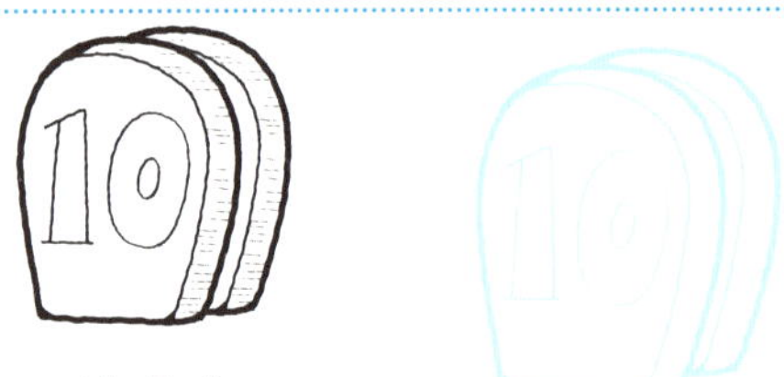

십계명

3

불신앙

4

40년의 광야생활

3. 해방시대(B.C. 1527-1406)

구분	사건내역	성구	은혜
애굽	이스라엘 백성의 노예화	출1:1-22	• 애굽의 18왕조의 등장 때부터 탄압이 시작된 것으로 추정됨
	모세의 출생	출2:1-10, 6:20	
	모세의 애굽인 살해	출2:11-15	
	모세의 미디안 광야 거주	출2:16-25	• 40세 ________으로 도망함
	모세의 소명	출3:1-4:31	• 40년 동안 거함(행7:30)
	모세와 바로의 첫 대면	출5:1-7:7	
	애굽의 10대 재앙 연속	출7:14-12:36	• 10대 재앙: ______, 개구리, 이, 파리, 악질,독종,우박,메뚜기,흑암, _____의 죽음
출애굽~시내산	유월절 밤 사건 및 출애굽		• 유월절 행사(피바름,구운고기,무교병,쓴나물)
	라암셋에서 발행하여 숙곳 도착	출12:37-42	• 애굽에 거한지 _______년 만에 나옴 (창15:13,16; 47:28; 출12:40,41)
	에담에 도착함	출13:20	
	바로 군대의 추격	출14:3-12	
	이스라엘의 홍해 도하	출14:15-31	• 침례(세례) 상징(고전10:1,2)
	마라에 도착함	출15:23	• 마라의 쓴물: ____________
	엘림에 도착함	출15:27	
	신 광야에 이름	출16:1	
	만나와 메추라기의 내림	출16:2-36	• 신령한 _______과 _________
	돕가와 알루스 경유 르비딤 도착	출17:1	
	아말렉인과 전투	출17:8-16	
	이드로의 방문	출18:1-27	• 모세의 장인 (_________)
	시내산 도착함	출19:1,2	
시내산	시내산 율법 언약의 체결	출19:3-24:11	• 예수 그리스도의 새 언약과 대조 (마26:28; 히8:6-13)
	모세의 1차 시내산 40일 체류	출24:12-31: 18	
	이스라엘의 금송아지 숭배 사건	출32:1-29	• 혈기내면 인생 ______ 깬다.
	모세의 2차 시내산 40일 체류	출34:1-28	
	제1차 시내산 군대 계수	출38:24-26	
	성막의 건축	출35:4-40: 38	
	레위기 말씀 전수	레1:1-7: 38	
	성결법		• 희생법 (____________)
	제사장 위임식	레8:1-36	
	제사장의 취임 제사	레9:1-24	• 정결법(제사장)
	나답과 아비후의 죽음	레10:1,2	• 하나님이 원하시지 않는 다른 불을 가져다 분향함 결국 ___이 나와 삼킴
	시내산에서의 유월절 기념	민1:1-46	
	제2차 시내산 인구조사	민9:1-14	

구분	사건내역	성구	은혜
시내산 ~ 가데스	시내산 출발	민10:11,12	• ______ 광야로 이동
	다베라에서의 원망	민11:1-3	
	기브롯 핫다아와에서의 원방	민11:4-34	
	70인 장로 선정	민11:16-30	
	아론과 미리암의 모세 비방	민12;1-16	• 모세가 구스 여인을 취함
	가나안 정탐군 파견	민13:1-29	• ________________
	백성들의 불신	민14:1-10	
	하나님의 광야 40년 심판 선언	민14:20-38	• 불신의 열매(믿음과 절대순종)
	백성들의 가나안 정복 시도 실패	민14:39-45	
방랑기	고라 일당의 반역	민16:1-50	• ________에게 반역한 죄로 염병이 돌았다.(영적지도자는 하나님이 세우신다.)
	아론의 싹난 지팡이	민17:1-11	
가데스바네아 ~ 모압평지	가데스에서 미리암이 죽음	민20:2-4	
	므리바 물 사건	민20:5-13	• 모세와 백성의 ____없음에 가나안 불허
	호르산에서의 아론의 죽음	민20:22-29	• 아론 ________세에 죽음
	아랏 왕의 급습	민21:1-3	
	놋뱀 사건	민21:4-9	• 놋뱀은 십자가상의 __________를 상징
	오봇에서 비스가산까지의 진행	민21:10-20	
	아모리왕 시혼의 급습	민21:21-32	
	바산 왕 옥의 급습	민21:33-35	
	모압 평지에 도착함	민22:1	
	발락과 발람의 대적	민22:2-24:25	• _____은 타락한 선지자의 대표(벧후2:15)
	이스라엘의 음행	민25:1-18	• 타락한 선지자 발람의 유혹으로 이스라엘이 음행함
	모압 평지 제2차 군대 계수	민26:1-65	• 1차 인구조사 보다 1,820명이 적음 (민1:46)
	딸의 상속권 제정	민27:1-11	
	모세의 후계자 여호수아 지명	민27:12-23	
	미디안 족속 정복	민31:1-12	
	요단 동편 땅의 분배	민32:1-42	
	38년 동안 광야에서 방황함	민33:1-49	• 애굽에서 _____까지의 경로
	가나안 정착에 관한 지시	민33:50-36:13	
	신명기 말씀 전수	신1:1-33: 29	
	모세의 죽음	신34:1-12	• 모세 나이 ______세(31:1;34:7)

잠깐만!

⊙ 출애굽 경로

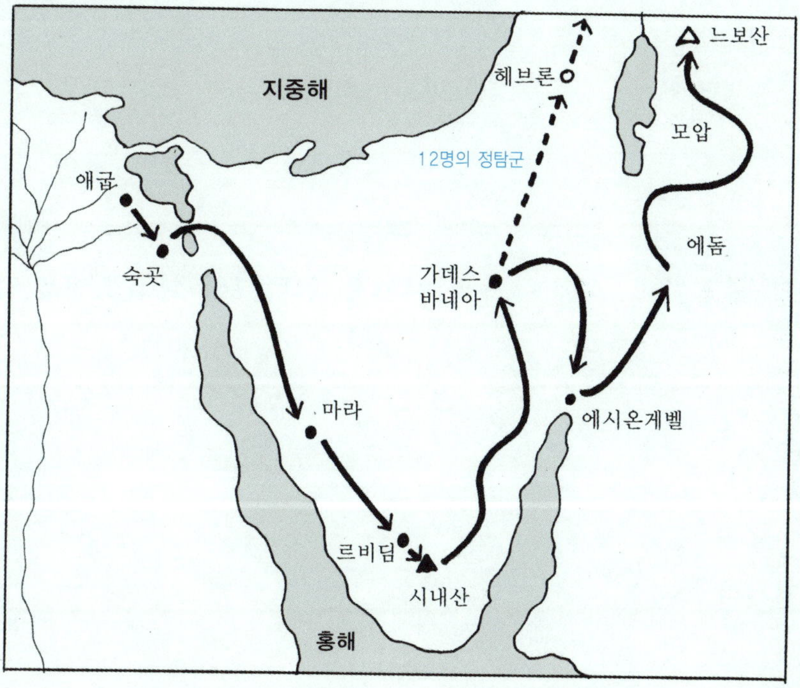

A 정답

p35
- 미디안
- 피, 장자
- 430년
- 믿음테스트
- 음식과 음료
- 이드로
- 판
- 제사법규례
- 불

p36
- 바란
- 가데스 바네아
- 지도자
- 믿음
- 123세
- 그리스도
- 발람
- 요단
- 120세

4 정복시대

1 요단강을 건너다 : 하나님의 능력으로 요단강이 갈라지다

2 여리고 성 정복 : 하나님의 힘으로 무너진 견고한 성

3 가나안 땅 정복 : 가나안 족속을 멸망시키다

4 가나안 땅 분배 : 이스라엘 12지파에게 땅을 나누어 줌

이미지로 외우기

다음 이미지를 그리면서 외워보세요.

1

요단강을 건너다

2

여리고 성 정복

3

가나안 땅 정복

4

가나안 땅 분배

4. 정복시대(B.C. 1405-1390)

구분	사건내역	성구	은혜
요단강 도강	여호수아에 대한 하나님의 권고	수1:1-10	
	요단강을 건너기 위한 명령	수1:10-18	
	여리고 정탐군을 보냄	수2:1-24	
	요단강 도하	수3:1-17	• 강 도하에 제사장이 ______를 메고 앞에서 먼저 강에 들어감
	길갈 진영	수4:19-24	
	전민족의 할례 의식	수5:2-9	
	가나안 땅에서의 첫 유월절 준수	수5:10,1	
	만나의 중단	수5:12	• 가나안에 들어서자 ______ 중단됨
중부지역정복	여리고 성 정복	수6:1-27	
	1차 아이성 정복 실패	수7:1-26	• 아간의 범죄와 ______ 전체의 처형 (아버지의 실수로 집 안 전체가 무너짐/ 하만, 사울왕)
	2차 아이성 정복	수8:1-29	
	축복과 저주의 율법 선포	수8:30-35	
남부지역정복	남부 지역 왕들의 동맹	수9:1,2	
	기브온 거민들의 위장 투항	수9:3-27	• 속지마라(영적으로 깨어 있어야 한다)
	남방 왕들의 기브온 침입	수10:1-5	
	이스라엘 민족의 원군 파견	수10:6-27	• 태양이 멈춘 ______ 기도(여호수아) (왕하20:11 / 히스기야의 기도)
	여호수아의 남방 지역 점령 달성	수10:21-23	
북부지역정복	북부 지역 왕들의 동맹	수11:1-5	
	여호수아의 북부지역 점령	수11:6-15	• 메롬 물가 전투 (______________) (말의 힘줄을 끊고 불로 사름)
	아낙 사람들을 진멸함	수11:21-23	
가나안 땅 분배	가나안 땅의 분배	수14:1-19: 51	
	갈렙의 영토(기업) 요구	수14:6-15	
	실로에 성막을 세움	수18:1	
	도피성 지정	수20:1-9	• 보호소, 피난처(억울한 자를 구제)
	레위인들의 48개 성읍 배정	수21:1-40	• 땅을 주지 않고 ______만 분배함
	요단 언덕에 제단을 세운 지파들	수22:10-34	
	여호수아의 유언 설교	수24:1-28	
	여호수아의 죽음	수24:29-31	• 여호수아 ______세 죽음
	엘르아살의 죽음	수24:33	

잠깐만!

◉ 가나안 땅의 12지파 분배

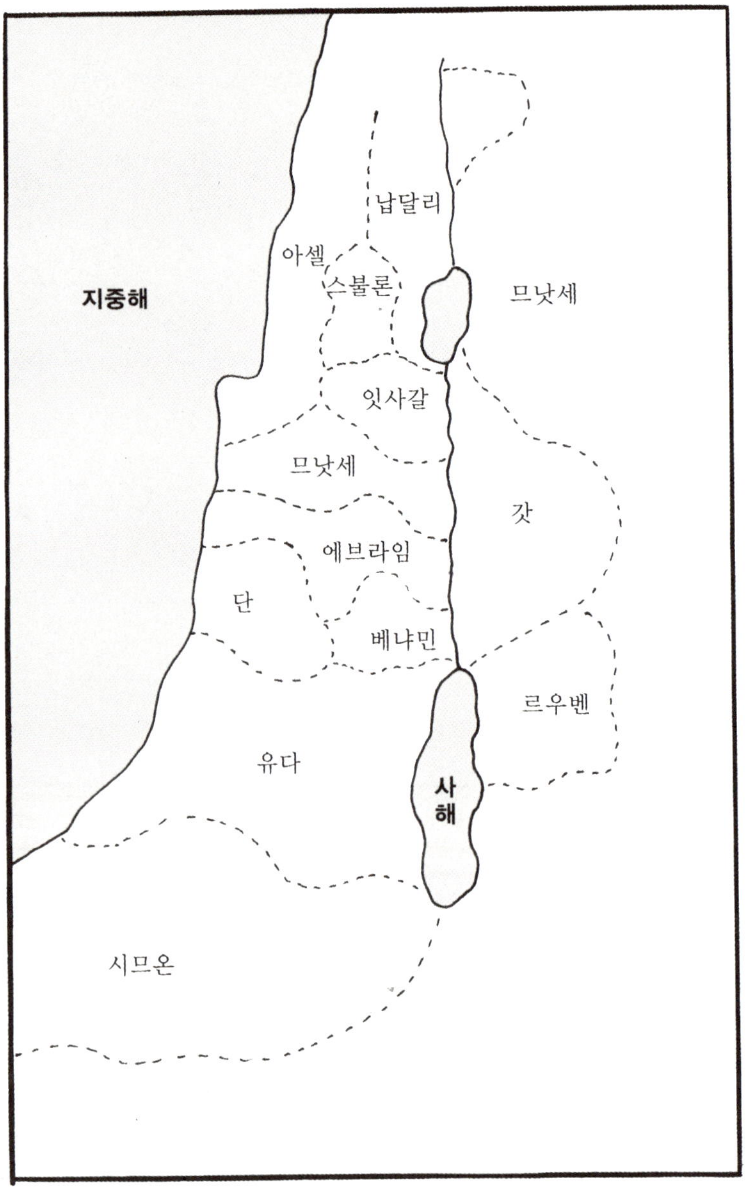

정답

p39 • 법궤 • 만나 • 가정

• 아얄론 • 하나님의 전략 • 성읍

• 110 세

5. 사사시대

1 사사 선택 : 이스라엘 백성들을 인도했던 지도자들
2 백성들의 죄악 : 하나님의 말씀을 어기고 마음대로 산 백성들
3 죄의 악순환 : 반복하여 죄를 짓고 고통스러워하는 백성들
4 룻 : 예수님의 족보에 올라간 이방 여인

이미지로 외우기

다음 이미지를 그리면서 외워보세요.

1

사사 선택

2

백성들의 죄악

3

죄의 악순환

4

룻

성경역사연대표

5. 사사시대(B.C. 1390-1050)

구분	사건내역	성구	은혜
서론	각 지파들의 가나안 당 정복 이스라엘의 범죄	삿1:1-36 삿2:1-3:7	• 모든 인생의 문제는 ______로부터 시작됨
옷니엘	메소보다미아 왕 구산 리사다임의 압제 옷니엘의 통치	삿3:8 삿3:9-11	• 8년 동안 압제(______) • 40년 동안 통치(______)
에훗	이스라엘의 범죄 모압 왕 에글론의 압제 에훗의 에글론 살해 에훗의 통치	삿3:12 삿2:13,14 삿3:15-25 삿3:26-30	• 18년 동안 압제(고통) • 80년 동안 통치(회복)
삼갈	블레셋 정벌	삿3:31	• 전쟁
드보라	이스라엘의 범죄 가나안 왕 야빈의 압제 바락이 시스라와 그 병거를 대파함 시스라가 살해 됨 가나안 왕 야빈의 패배 드보라와 바락의 찬양 드보라의 통치	삿4:1 삿4:2,3 삿4:12-16 삿4:17-22 삿4:23,24 삿5:1-31 삿5:31	• 7년 동안 압제(고통) • 여사사 (______) • 40년 동안 통치(고통)
기드온	이스라엘의 범죄 미디안인의 압제 기드온의 소명 기드온의 우상 타파 기드온의 300용사의 미디안인 대파 기드온의 통치	삿6:1 삿6:2-6 삿6:11-24 삿6:25-32 삿7:1-25 삿8:22-28	• 7년 동안 압제(고통) • 하나님의 전략(____,______,______) • 40년 동안 통치(회복)
돌라와 야일	아비멜렉의 반역 돌라의 통치 야일의 통치 룻의 기사 엘리 제사장의 사역 사무엘의 출생 사무엘의 소명	삿9:1-57 삿10:1,2 삿10:3 룻1-4장 삼상4:18 삼상1:20 삼상3:1-21	• 타락 • 23년 동안 통치 • 22년 동안 통치 • 40년간 사역함(사회적 타락) • 75년간 사역함

구분	사건내역	성구	은혜
입다	블레셋과 암몬의 압제 입다의 서원 입다의 암몬 자손 대파 입다의 딸 서원 제사 입다의 통치 아벡 전투 엘리의 죽음 법궤의 귀환	삿10:7-9 삿11:29-31 삿11:32,33 삿11:34-40 삿12:7 삼상4:1-11 삼상4:18 삼상5:1-7:2	• 18년 동안 압제 • 기분의 ______이 큰 것은 안 좋다 • 6년 동안 통치 • 법궤를 빼앗김(____________) • 40년 동안 사사 활동(삼상4:15,18) • 7달 만에 귀환(삼상6:1) • 20년 동안 기럇여아림에 거함
입산	입산의 통치	삿12:8-10	• 7년 동안 통치
엘론	엘론의 통치	삿12:11,12	• 10년 동안 통치
압돈	압돈의 통치	삿12:13-15	• 8년 동안 통치
삼손	이스라엘의 범죄 블레셋의 압제 삼손의 출생 삼손의 정략결혼 삼손의 블레셋인 살해 삼손의 통치 들릴라의 미혹 삼손의 쇠약해짐 삼손의 최후	삿13:1 삿13:1 삿13:2-24 삿14:1-18 삿14:19 삿15:20 삿16:4-17 삿16:18-22 삿16:23-31	 • 40년 동안 압제 • 20년 동안 통치
사무엘	미스바의 회개 운동 이스라엘인이 왕을 요구함 사울에게 기름 부음 (40세)	삼상7:3-14 삼상8:4-22 삼상9:1-10:8	• 왕정 정치시대 시작 (______왕) • 사무엘의 기름 부음으로 왕정 체재가 하나님의 승인으로 시작됨

A 정답

p42
- 범죄
- 고통
- 회복
- 드보라
- 나팔, 항아리, 횃불

p43
- 기복
- 문제의 시작
- 사울

6. 통일왕국시대

① 사울 : 이스라엘 초대 왕으로 하나님께 버림받은 비극적인 왕

② 다윗 : 하나님께 인정받았던 위대한 왕

③ 솔로몬 : 이 세상 최고의 지혜를 가졌으나 우상숭배로 몰락한 비참한 왕

이미지로 외우기

※ 다음 이미지를 그리면서 외워보세요.

1

사울

2

다윗

3

솔로몬

성경역사연대표

6. 통일 왕국 시대 (B.C. 1050-903)

구분	사건내역	성구	은혜
사울 시대	사울이 기름부음 받음	삼상10:1-8	
	사울의 왕권 추인	삼상10:17-24	• 40세에 추인 받음
	암몬 사람의 침입	삼상10:1-11: 15	• 40년간 통치(행13:21)
	사울의 블레셋 정벌	삼상13:1-14:46	
	사울 왕의 첫 번째 범죄	삼상13:8-15	• 예배의 질서를 파괴한 ____ (하나님의진노)
	다윗 출생	삼하5:4	
	사울 왕과 아말렉과의 전투	삼상15:1-8	
	사울 왕의 두 번째 범죄	삼상15:9-31	• 진멸하라는 명령을 _______(선택적 진멸)
	아각의 죽음	삼상15:32,33	
	다윗이 기름 부음을 받음	삼상16:1-13	• 약15년간 사울에게 ____할 기회를 줌
	궁중 악사가 된 다윗	삼상16:14-23	
	다윗과 골리앗의 싸움	삼상17:1-54	
	사울의 다윗 살해 음모	삼상18:10,11	
	다윗의 천부장 진급	삼상18:13-16	
	다윗과 미갈의 결혼	삼상18:17-29	
	다윗을 변호하는 요나단	삼상19:2-7	
	다윗의 도피를 돕는 미갈	삼상19:9-17	
	다윗이 라마로 도피함	삼상19:18-24	• 영적인 본거지(엘리야시대부터) 사울의 특공대 파견하나 성령의 역사로 무산된다. 결국 사울 왕이 직접 잡으러 왔으나 똑같은 현상이 나타남 (라마나욧)
	다윗을 도피케 하는 요나단	삼상20:1-42	
	다윗이 놉 땅으로 도피함	삼상21:1-9	
	다윗이 가드왕 아기스에게 도피함	삼상21:10-15	
	다윗이 아둘람 굴로 도피함	삼상22:1,2	
	다윗이 모압 미스베로 도피함	삼상22:3,4	
	다윗이 헤렛 수풀로 도피함	삼상22:5	
	놉 제사장 학살 사건	삼상22:6-23	
	그일라 거민을 구원한 다윗	삼상23:1-5	
	다윗이 십 황무지로 도피함	삼상23:14,15	
	다윗이 마온 황무지로 도피함	삼상23:24-26	
	블레셋의 기습 침입	삼상23:27,28	
	엔게디 동굴 사건	삼상24:1-22	
	사무엘의 죽음	삼상25:1	
	나발의 죽음	삼상25:2-38	

구분	사건내역	성구	은혜
	다윗이 아비가일과 아히노암을 취함	삼상25:39-43	
	다윗이 하길라 산에 도피함	삼상26:1-25	
	다윗이 가드로 도피함	삼상27:1-4	
	시글락을 얻은 다윗	삼상27:5-7	
	블레셋과 이스라엘의 전쟁	삼상28:1-4	
	엔돌의 무당을 찾는 사울	삼상28:5-25	
	다윗의 시글락 회군	삼상27:5-7	• 사울왕 자살을 함(세 아들 모두 전사)
	다윗의 아말렉 진멸	삼상30:1-30	사울왕의 전사한 3아들
	길보아 전투에서의 사울의 전사	삼상31:1-13	(______, ______, ______)
다윗시대	다윗왕의 등극	삼하2:1-4	• 헤브론에서 유다 족속의 왕으로 등극
	이스보셋의 내란	삼하2:8-3:1	• 2년 동안 ____족속의 왕으로 군림
	아브넬의 죽음	삼하3:6-30	
	이스보셋의 죽음	삼하4:5-12	
	다윗의 통일 왕국 수립	삼하5:1-5	
	예루살렘의 점령	삼하5:6-10	• 다윗이 예루살렘에서 ____년간 통치
	다윗 궁의 건축	삼하5:11	
	블레셋 격퇴시킴	삼하5:17-25	
	다윗의 1차 법궤 이동 실패	삼하6:1-11	• 3개월간 __________ 집에 머뭄
	예루살렘 성으로 운반된 언약궤	삼하6:12-19	
	다윗의 성전 건축 계획	삼하7:1-17	
	블레셋의 항복	삼하8:1	
	모압 정벌	삼하8:2	
	소바, 다메섹, 하맛 정벌	삼하8:3-10	
	에돔 정벌	삼하8:13,14	
	다윗이 요나단의 아들을 돌봄	삼하9:1-13	
	암몬과 아람 정벌	삼하10:1-19	
	다윗과 밧세바 사건	삼하11:1-12:23	
	솔로몬의 출생	삼하12:24,25	
	암몬의 도성 랍바 정복	삼하12:26-31	
	암논의 다말 강간과 압살롬의 복수	삼하13:1-33	
	압살롬의 도주	삼하13:34-39	• ______에 3년간 거함
	압살롬의 귀환	삼하14:21-24	
	압살롬의 반역 준비	삼하15:1-6	
	압살롬의 반역	삼하15:7-12	• _____ 동안 준비(삼하15:7)
	다윗 왕의 도피와 후새의 충성	삼하15:13-18	
	압살롬의 예루살렘 장악	삼하15:37	
	시므이가 다윗을 저주함	삼하16:5-14	
	아히도벨의 계략과 압살롬의 악행	삼하16:20-17:4	• 압살롬을 도와 반역한 사람(______)
	후새의 지혜로운 계략	삼하17:5-14	

구분	사건내역	성구	은혜
	다윗의 마하나임 도피	삼하17:15-22	
	아히도벨의 자살	삼하17:23	
	다윗 군과 압살롬의 싸움	삼하18:1-33	
	압살롬의 죽음	삼하18:9-15	
	세바의 반역	삼하20:1-22	
	3년 기근	삼하21:1-14	
	블레셋 정벌	삼하21:15-22	
	다윗의 인구 조사와 대 재난	삼하24:1-19	
	다윗의 성전 건축 준비	대상22:1-19; 28:1-21	• 다윗의 인구조사 지시에 ______를 했으나 하나님은 진노하심.
	아도니야의 반역	왕상1:5-10	
	솔로몬의 기름부음 받음	왕상1:32-49	
솔로몬 시대	솔로몬의 왕위 등극	왕상1:32-49	• 40년 동안 통치(왕상11:42)
	아도니야에 대한 사면	왕상1:50-53	
	다윗의 죽음	왕상2:1-11	
	아도니야 처형	왕상2:13-25	• 다윗이 솔로몬에게 남긴 유언은?(2)
	아비아달의 추방	왕상2:26,27	(______ 가 되라)
	요압의 죽음	왕상2:28-34	
	시므이의 죽음	왕상2:36-46	
	솔로몬이 바로의 딸과 결혼함	왕상3:1	
	솔로몬의 1천 번제	왕상3:4	• 황소 ______마리를 드림
	하나님의 축복의 현현 1차	왕상3:5-15	
	솔로몬의 명재판	왕상3:16-28	
	솔로몬의 성전 건축 준비	왕상5:1-18	
	솔로몬의 성전 건축 시작	왕상6:1	• 이스라엘이 출애굽한지 489년
	성전건축 완공	왕상6:37,38	• 7년 6개월 동안 ______
	솔로몬의 왕궁 건축 시작	왕상7:1-8	
	성전 봉헌식	왕상8:1-66	
	왕궁 건축 완공	왕상7:1	• ______년 동안 왕궁 건축
	하나님의 축복의 현현 2차	왕상9:1-9	
	스바 여왕의 방문	왕상10:1-13	
	솔로몬이 우상 산당을 건축함	왕상11:1-13	
	에돔인 하닷의 대적	왕상11:14-22	
	르손의 대적	왕상11:23-25	
	여로보암의 반역	왕상11:26-40	• 애굽 망명
	솔로몬의 죽음	왕상11:41-43	• ______년 동안 통치(왕상 11:42)

➡ 정답은 p53

7. 분열왕국시대

① 왕국 분열의 시작 : 솔로몬의 우상숭배로 이스라엘이 두 나라로 갈라짐

② 북이스라엘 : 하나님께 버림받았던 비참한 왕국

③ 남유다 : 하나님을 잘 섬겼다가, 섬기지 않았다가 했던 어리석은 왕국

이미지로 외우기

※ 다음 이미지를 그리면서 외워보세요.

1

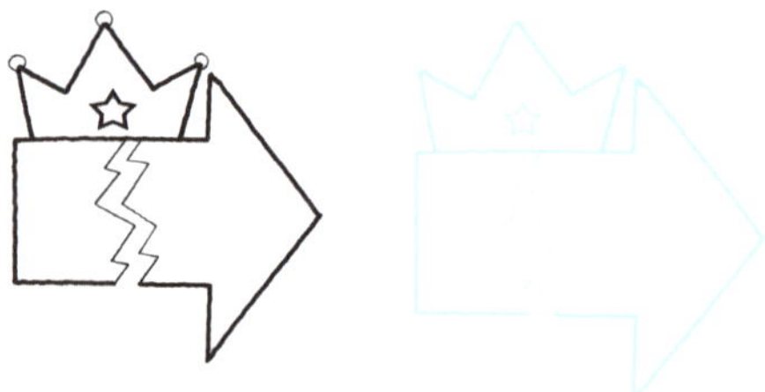

왕국 분열의 시작

2

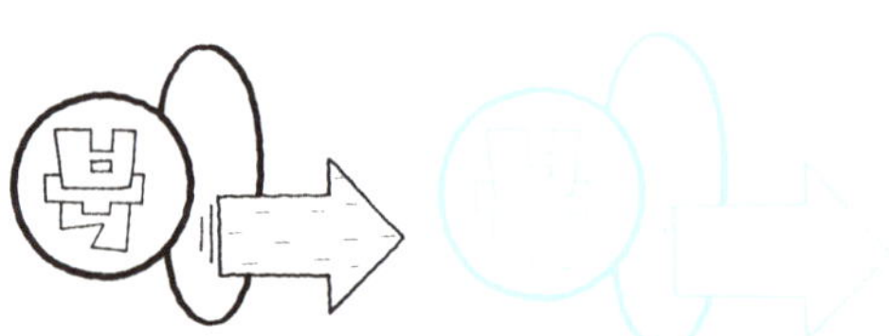

북 이스라엘

3

남 유다

7. 분열왕국 시대(B.C. 930-586)

남왕국 유다 (신본주의)			북왕국 유다 (인본주의)		
사건내역	성구	은혜	사건내역	성구	은혜
르호보암 왕 등극	왕상11:43	____년 통치	여로보암 왕 등극	왕상12:20	22년 통치
열 지파의 반란	왕상12:1-19		(신복 느밧의 아들)	왕상12:2	
애굽 왕 시삭의 침공	왕상14:25-28		여로보암의 우상 숭배	왕상12:25	벧엘과 단
아비얌 왕 등극	왕상14:31-15:2	3년 통치			
제1차 남북전쟁 개시	대하13:2-19		아비얌의 침입	대하13:2-19	
아사왕 등극	왕상15:8-10	____년 통치			
아사왕의 우상 타파	왕상15:11-15				
			나답 왕 등극	왕상15:25	2년 통치
			바아사 왕 등극	왕상15:28-34	24년 통치
			여로보암 가족의 말살	왕상15:29,30	
구스인 세라의 침입					
바아사의 침입					
			제2차 남국전쟁 개시	왕상15:16-22	
			아람의 침입	왕상15:20,21	
			엘라 왕의 등극	왕상16:8	2년 통치 유다 아사왕 26년
			시므리의 모반	왕상16:15-20	7일 통치
		______ 선지자의 활동	오므리 왕의 등극	왕상16:23	12년 통치
			사마리아 성읍 건축	왕상16:24	
바아사의 침입			제3차 남북전쟁 개시	대하16:1-12	
			아합왕의 등극	왕상16:29	____년 통치
			아합의 우상숭배	왕상16:29-33	아합은 우상숭배 대표자 (3년 동안 비가 안옴)
			가뭄이 시작됨	왕상17:1	
			엘리야의 도피	왕상17:2-24	
여호사밧 왕 등극	왕상22:41,42	____년 통치 아합왕 4년			
			갈멜산의 싸움	왕상18:20	
			이세벨의 탄압	왕상19:1-14	
			아람왕 벤하닷 침입	왕상20:1-34	
			아합의 나봇 포도원 탈취	왕상21:1-29	

남왕국 유다 (신본주의)			북왕국 유다 (인본주의)		
사건내역	**성구**	**은혜**	**사건내역**	**성구**	**은혜**
여호사밧 왕과 아합 왕의 동맹	왕상22:2-36		아합 왕의 죽음	왕상22:37-40	
			아하시야 왕의 등극	왕상22:51	2년 통치
			여호람(요람) 왕의 등극	왕하3:1	12년 통치
			엘리야의 승천	왕하2:1-11	
			모압의 배반	왕하3:5-27	
여호람 왕의 등극	왕하8:16	8년 통치			
			나아만 장군의 치유	왕하5:1-27	
			아람왕 벤하닷 침입	왕하6:8-7:20	
에돔과 립나의 배반	왕하8:20-22				
블레셋과 아라비아 침입	대하21:16,17				
아하시야 왕의 등극	왕하8:25	1년 통치	예후 왕의 등극	왕하9:1-10	28년 통치
요람과 동맹 아람대적	왕하8:28,29				
아달랴의 통치	왕하11:1-3		아합 집안의 멸망	왕하9:21-10:17	
제사장 여호야다의 의거	왕하11:4-16		바알 숭배자의 진멸	왕하10:18-29	
요아스 왕의 등극	왕하11:12,21 ;12:1	___년 통치 _____선지자 활동	예후의 죽음	왕하10:34-36	
			여호아하스 왕의 등극	왕하10:35,36 13 : 1	유다왕 23년 17년 통치
			요아스 왕의 등극	왕하13:10	16년 통치
			엘리사의 죽음	왕하13:14-21	
			아람정복	왕하13:25	
아마샤 왕의 등극	왕하14:1,2	____년 통치			
에돔인 진멸	왕하14:7				
			여로보암 왕II세 등극	왕하14:16,23	41년 통치 ____선지자 활동
제4차 남북전쟁 개시	왕하14:8-14		아마샤의 침입	왕하14:8	
아사랴(웃시야) 왕의 등극	왕하15:1,2	____년 통치			
아사랴 왕의 정복전쟁	대하26:6-15				
아사랴 왕의 분향	대하26:16-20				_____ 선지자 활동
			스가랴 왕의 등극	왕하15:8,9	
			살룸 왕의 등극	왕하15:10	6개월 통치
			므나헴 왕의 등극	왕하15:14-17	1개월 통치
요담 왕의 등극	왕하15:34	16년 통치			10년 통치
			앗수르의 침입	왕하15:19	____ 선지자 활동

남왕국 유다 (신본주의)			북왕국 유다 (인본주의)		
사건내역	성구	은혜	사건내역	성구	은혜
아하스의 섭정		7년 동안	브가히야 왕의 등극	왕하15:22,23	2년 통치
			베가 왕의 등극	왕하15:27	20년 통치
		______ 선지자 활동과 미가 선지자 활동			
암몬의 정복	대하27:5				
아하스 왕의 등극	왕하16:1,2	16년 통치			
베가의 침입	왕하16:5-9		앗수르의 1차 침입	왕하15:29	
			제5차 남북전쟁 개시	왕하16:5-9	
			앗수르의 2차 침입	왕하16:9	
			호세아 왕의 등극	왕하15:30	9년 통치
앗수르 왕의 도움을 청하는 아하스	왕하16:7-9				
아하스 왕의 우상 숭배	왕16:10-16	29년 통치			
히스기야 왕의 등극 (B.C.725까지 아하스의 섭정)	왕하16:20 18: 1				
			앗수르왕 살만에셀의 3차 침입	왕하17:3-5	호세아왕 통치 7년
			북왕국 이스라엘의 멸망	왕하17:6 18:10-12	호세아왕 통치 9년
블레셋 정복	왕하18:8				
앗수르왕 산헤립 1차침입	왕하18:13-16	________왕 14년			
앗수르 군대의 2차 침입	왕하18:17 -19:34				
앗수르 군의 진멸	왕하19:35-37				
일영표의 후퇴와 히스기야 왕의 치유	왕하21:1-11				
히스기야 왕의 실수	왕하20:12-15				
므낫세 왕의 등극	왕하20:21	55년 통치			
므낫세 왕의 우상숭배	왕하21:2-15				
앗수르의 3차 침입	대하33:11	므낫세 잡힘			
아몬 왕의 등극	왕하21:18,19	2년 통치			
요시아 왕의 등극	왕하21:26 22: 1	31년 통치 ______선지자 활동 ______선지자 활동 ______선지자 활동			

남왕국 유다 (신본주의)		
사건내역	성구	은혜
성전의 수리	왕하22:3-7	________ 왕 18년
율법책의 발견	왕하22:8-13	
요시야 왕의 종교 개혁	왕하23:4-25	
앗수르의 멸망	습2:13-15	
애굽 왕 바로느고 침입	왕하23:28,29	므깃도에서 요시아 왕 전사
여호아하스 왕의 등극	왕하23:30	3개월 통치
여호아하스 왕이 애굽으로 잡혀감	왕하23:33,34	애굽과 바벨론 전쟁
여호야김 왕의 등극 (애굽 왕이 옹위 시킴)	왕하23:34,36	11년 통치 __________ 선지자활동
갈그미스 전투	왕하24:1	애굽의 멸망
바벨론의 1차 침입	단1:1-6	다니엘 등 바벨 론 1차 포로 __________선지자 활동
두루마리 소화 사건	렘36:20-32	여호야김 5년
여호야김의 바벨론 배반	왕하24:1	
여호야긴 왕의 등극	왕하24:5-8	3개월 통치
바벨론의 2차 침입	왕하24:10-16	에스겔 등 바벨론 2차 포로
시드기야 왕의 등극	왕하24:17,18	11년 통치
시드기야 왕의 바벨론 배반	왕하24:20	___________ 선지자 활동
바벨론의 3차 침입		
남왕국 유다의 멸망	왕하25:1-7	
	왕하25:8-21	시드기야 왕 등 바벨론 3차 포로

잠깐만!

⊙ 두 왕국의 왕의 이름과 통치 기간

	남 왕국 (남유다)		북 왕국 (이스라엘)	
1	르호보암	17년	여로보암	22년
2	아비얌	3년	나답	2년
3	아사	41년	바아사	24년
4	여호사밧	25년	엘라	2년
5	여호람	8년	시므리	7일
6	아하시야	1년	오므리	12년
7	아달랴	6년	아합	22년
8	요아스	40년	아하시야	2년
9	아마샤	29년	여호람	12년
10	웃시야	52년	예후	28년
11	요담	16년	여호아하스	17년
12	아하스	16년	요아스	16년
13	히스기야	29년	여로보암 2세	41년
14	므낫세	55년	스가랴	6개월
15	아몬	2년	살룸	1개월
16	요시야	31년	므나헴	10년
17	여호아하스	3개월	브가히야	2년
18	여호야김	11년	베가	20년
19	여호야긴	3개월	호세아	9년
20	시드기야	11년		

정답

p45
- 죄
- 어김
- 회개
- 그술
- 4년
- 아히도벨

p46
- 요나단 아비나답 말기수아
- 11족속
- 33년
- 오벧에돔

p47
- 회개
- 대장부
- 1000
- 성전건축
- 13년
- 40년

p49 〈남왕국〉
- 17년
- 41년
- 오바댜
- 25년

〈북왕국〉
- 22년

p50 〈남왕국〉
- 40년
- 요엘
- 29년
- 52년

〈북왕국〉
- 요나
- 아모스
- 호세아

p51 〈남왕국〉
- 이사야
- 히스기야
- 나훔
- 스바냐
- 예레미야

p52 〈남왕국〉
- 요시야
- 하박국
- 다니엘
- 에스겔

8. 포로시대

1 포로시대의 예언 : 다가올 포로 생활을 눈물로 호소했던 예레미야

2 포로시대의 슬픔 : 포로 생활 속에서도 고통과 고난 속에서 말씀을 전한 에스겔

3 포로시대의 깨달음 : 포로의 슬픔 속에서 장차임할 영광을 선포한 다니엘

이미지로 외우기

※ 다음 이미지를 그리면서 외워보세요.

1

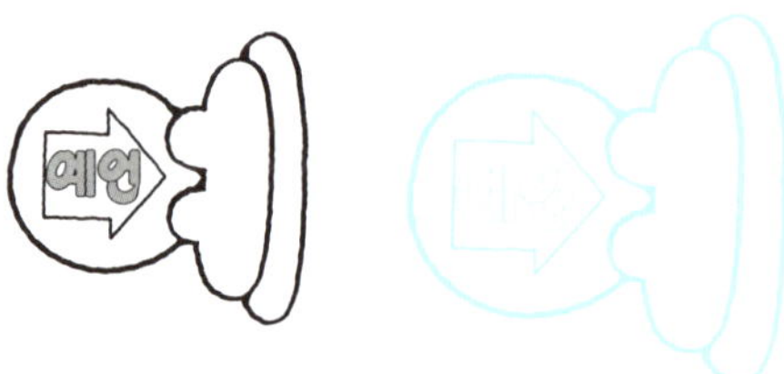

포로시대의 예언

2

포로시대의 슬픔

3

포로시대의 깨달음

70

8. 포로시대(B.C. 586-539)

구분	사건내역	성구	은혜
바벨론 포로시대			• 유다의 제3차 바벨론 포로
	유다의 멸망	왕하25:8-21	• 그다랴의 죽음
	그다랴의 유다 총독 통치	왕하25:22-24	
	예레미야의 해방	렘40:1-6	
	이스마엘의 반격	왕하25:25	
	예루살렘성 함락에 대한 예레미야의 슬픔	렘40:13-42:3	
	유다 민족의 제4차 포로	렘52:30	
	바벨론 풀무불 속의 기적	단3:1-4:37	
	느부갓네살의 하나님 찬양	단4:1-3	
	예루살렘성 함락 후 에스겔 예언 활동	겔33:21-39:29	
	성전과 가나안 땅 회복에 대한 에스겔의 이상	겔40:1-48:35	
	바벨론의 애굽 1차 침입	겔29:19	
	느부갓네살의 두 번째 꿈	단4:4-27	
	느부갓네살의 편집병과 변화	단4:28-33	
	바벨론의 애굽 2차 침입		
	에윌므로닥 왕의 등극		• 약 3년 동안 통치
	여호야긴 왕의 출옥	왕하25:27 렘52:31-34	
	네르갈 사레셀 왕의 등극		• 약 5년 동안 통치
	바사의 고레스 등장		• 30년 통치
	라바시마르두크 왕의 등극		• 3개월 통치
	나보니두스 왕의 등극		• 약 18년 동안 통치
	고레스가 메대 왕국을 점령함		
	벨사살 왕의 등극	단7:1	• 나보니두스 왕의 통치 시대로서 섭정인 듯함
	다니엘의 4짐승 이상	단7:1-28	
	다니엘의 수염소와 수양 이상	단8:1-27	
	벨사살 왕의 잔치	단5:1-28	• ____________의 출현 이적
	바사의 바벨론 정복	단5:30,31	(메네 메네 데겔 우바르신) 1.왕의 시대가 끝났다. 2.__________에 달아보니 부족했다. 3.나라가 나누어져 메데와 바사에게 준다.

정답은 p59

9. 귀환시대

1. 포로귀환 : 70년 노예 생활이 끝나고, 3차에 걸쳐 돌아옴
2. 성전재건 : 1차 귀환 후에 백성들은 폐허가 된 예루살렘에서 먼저 성전을 재건
3. 영적재건 : 2차 귀환 후에 에스라가 백성들에게 율법을 가르침
4. 성벽재건 : 느헤미야는 무너진 성벽을 재건하여 적들에게 조롱받지 않도록 함

이미지로 외우기

다음 이미지를 그리면서 외워보세요.

1

포로귀환

2

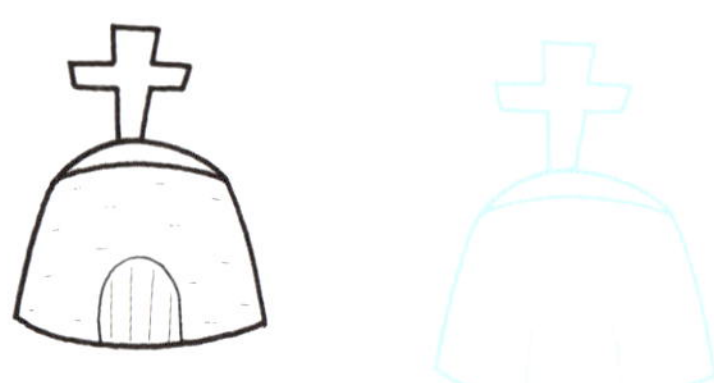

성전재건

3

영적재건

4

성벽재건

9. 귀환 시대(B.C. 539-400)

구분	사건내역	성구	은혜
1차 포로 시대	바사와 고레스의 바벨론 점령		
	바벨론의 분봉왕 다리오 임명	단5:31	
	다니엘의 중보기도	단9:1-27	• 70이레의 계시
	다니엘의 사자굴 사건	단6:1-28	
	고레스의 포로 귀환 칙령	스1:1-4	
	유대인의 제1차 포로 귀환 (시 126:1~6)	스2:1-67	• 스룹바벨을 중심으로 일반 회중 42,360명, 종 7,337명 노래하는 남녀 ______명 귀환
	성전 재건 착공	스3:8-13	• ________ 선지자
	성전 재건의 1차 방해	스4:1-6	• 사마리아 거주자들의 방해
	성전 재건의 중단	스4:23,24	• B.C. 520년까지 중단됨
	다니엘의 죽음		
	캄비세스 왕의 등극		• 7년 동안 통치
	바사의 애굽 정벌		
	스메르디스 왕의 등극		• 2년 동안 통치
	다리오 I 세의 등극		• 38년 통치
	학개, 스가랴 선지자의 사역	학1:1, 슥1:1	
	성전 재건의 재개	스4:24-5:2	
	성전 재건의 2차 방해	스5:3-17	
	다리오 왕의 성전 재건의 승인	스6:1-12	
	성전 재건의 재개	스6:13,14	• 47년
	성전 재건의 완공	스6:15-18	• 다리오 왕 제6년 성전 파괴 후 70년
	아오니아인의 반란		
	바사의 낙소소 원정		
	바사의 키프로스 정복		
	마라톤 전쟁		
	크세르 크세스(아하수에로) 왕의 등극		• 22년 통치
	유대인에 대한 고소 사건	스4:6	• 사마리아 거주자들에 의함
	아하수에로 왕의 잔치	에1:3-8	
	왕후 와스디의 폐위 사건	에1:9-22	• 왕명에 불복종 결과
	그리이스의 바사 침략		• 전에 느부갓네살 왕이 포로로 잡아옴 (바벨론 왕)
	왕후로 피택된 에스더	에2:1-18	
	아하수에로 왕의 암살 음모	에2:21-23	
	하만의 유대인 말살 음모	에3:1-4:17	
	하만의 죽음	에5:1-7:10	• 하만의 잘못된 생각에 가족 모두가 망함
	부림절 제정	에9:1-32	

구분	사건내역	성구	은혜
2차 포로귀환	아닥사스다 1세 왕의 등극		• 41년 통치
	아닥사스다 왕의 포로 귀환 조서	스7:11-26	
	제2차 포로 귀환	스7:1-10	• 에스라 중심으로 귀환
	예루살렘 성과 성곽 수축 1차 방해	스4:7	(__________)
	예루살렘 성과 성곽 수축 2차 방해	스4:8-16	• 사마리아인들의 고소
	예루살렘 성과 성곽 수축 중지 조서	스4:17-23	
	예루살렘 성과 성곽 수축 중단	느1:1-3	
	에스라의 개혁 운동	스9:1-10:44	
3차 포로귀환	예루살렘 성의 훼파 소식을 듣는 느헤미야	느1:1-3	• __________
	느헤미야의 중보기도	느1:4-11	
	느헤미야의 탄원	느2:108	
	아닥사스다 왕의 포로 귀환 조서	느2:9	
	제3차 포로 귀환	느2:10,11	• ________를 중심으로 귀환
	예루살렘 성곽 수축	느3:1-32	
	대적자들의 성곽 수축 1차 방해	느2:19,20	• ______: 사마리아 총독
	대적자들의 성곽 수축 2차 방해	느4:7,8	• ______: 산발랏의 고관
	대적자들의 성곽 수축 3차 방해	느6:2-4	• ______: 아라비아의 족장
	대적자들의 성곽 수축 4차 방해	느6:5-7	(느헤미야를 살해하려고 함)
	대적자들의 성곽 수축 5차 방해	느6:10-14	
	예루살렘 성곽 수축 완공	느6:15	
	느헤미야의 인구 조사	느7:5-69	• 회중 42,360, 노비 7,337명 노래하는 남녀 ______명
	예루살렘 성곽 낙성식	느12:27-47	
	말라기 선지자의 활동		• 약 _____년 동안 사역
	바사로 돌아가 느헤미야	느2:6; 5: 14 13:6	
	느헤미야의 제2차 귀국	느13:6,7	
	느헤미야의 개혁 운동	느13:7-31	
	펠로폰네소스 전쟁		• 404년까지 계속됨
	다리오Ⅱ세의 등극		• 19년 통치
	바사와 스파르타의 조약		
	아테네 함락		
	아닥사스다Ⅱ세의 등극		• 46년 통치

구분	사건내역	성구	은혜
	쿠낙사 전쟁		• __________ 죽음
	아닥사스다 왕의 1차 애굽 원정		• 3년 간의 전쟁, 바사의 패배
	바사와 에바고라스의 평화		
	아닥사스다 왕의 2차 애굽 원정		• __________ 의 패배
	아닥사스다 Ⅲ세의 등극		• 22년 통치
	바사의 애굽 정복		
	아르세스 왕의 등극		• 4년 통치
	다리오 Ⅲ세의 등극		• 5년 통치
	알렉산더의 바사 침입		
	알렉산더가 베벨론과 수사를 점령함		
	다리오 Ⅲ세의 죽음		
	바사의 멸망		• 헬라의 알렉산더에 멸망

A 정답

p55 • 하나님의 손
└→ • 저울

p57 • 200명
└→ • 스가랴

p58 • 영적재건 • 도비야
└→ • 성벽재건 • 게셈
• 느헤미야 • 남녀 245명
• 산발랏 • 10년

p59 • 고레스
└→ • 바사 제국

성경역사연대표

중간 시대 (B.C. 400-4)

구분		사건내역	은혜
페르시아 시대		아닥사스다 Ⅱ세의 등극	
		아닥사스다 Ⅲ세의 등극	
		아르세스 왕의 등극	
		다리오 Ⅲ세의 등극	
		페르시아의 멸망	• 알렉산더 대제에게 정복당함
헬라 시대	알렉산더	알렉산더의 등장	
		알렉산더의 두로 및 팔레스틴 점령	• 이하 헬라시대 연대표의 시대 구분은 유대 통치를 기준으로 함
		알렉산더의 애굽 점령	
		알렉산더의 페르시아 정복	
		알렉산더의 박트리아와 소그디아나 점령	
		알렉산더의 인도 침략	
		알렉산더의 말리 정복	
		알렉산더의 병사	• 322-302년은 헬라제국의 혼란기
	프톨레미 통치기	알렉산더 장군들의 헬라제국 4분 점령	• 카산더는 마케도니아 지역 루시마쿠스는 트라기아와 소아시아 대부분 지역, 셀루쿠스는 시리아 지역, 프톨레미는 애굽과 팔레스틴 지역 등을 분할 점령
		프톨레미 Ⅰ세의 팔레스틴 통치	
		의인 시몬의 예루살렘 성벽 건축과 수로 시설공사	
		카산더와 그 아들의죽음	
		프톨레미의 소아시아 정복	• 키프로스, 이오니아, 길리기아 획득
		데메트리우스의 마케도니아 정복	
		프톨레미의 두로와 시돈 획득	
		데메트리우스의 아시아 침략	
		셀루쿠스에 의한 데메트리우스의 패배	
		프톨레미 Ⅱ세의 왕위 계승 70인역 번역	
		데메트리우스의 죽음	• 아들 안티고누스가 마케도니아 왕위 계승
		셀루쿠스의 유럽 진군	
		리시마쿠스의 죽음	
		셀루쿠스의 죽음	• 부하에게 암살됨
		안티오쿠스 Ⅰ세의 왕위 계승	• B.C. 293년부터 아버지 셀루쿠스와 섭정함 • 이후 바벨론, 시리아 일부지역을 지배하는 셀루쿠스 왕국과 애굽 시리아 남부지역을 지배하는 프톨레미 왕국, 유럽을 지배하는 안티고누스 왕국 등 세 강대국으로 분할됨

구분		사건내역	은혜
		제1차 시리아 전쟁 안티오쿠스 Ⅰ세의 패배	• 안티오쿠스 Ⅰ세와 프톨레미 Ⅱ세 사이의 시리아 남부지역 쟁탈전 • 프톨레미 Ⅱ세의 소아시아 페니키아 다메섹 획득
헬라시대	프톨레미 왕조 통치기	안티오쿠스 Ⅱ세의 왕위 계승 제2차 시리아 전쟁 프톨레미 Ⅱ세와 안티오쿠스 Ⅱ세의 죽음 제3차 시리아 전쟁 프톨레미 Ⅲ세와 셀루쿠스 Ⅱ세의 평화 협정 안티오쿠스의 죽음 데메트리우스 Ⅱ세의 죽음 셀루크스 Ⅱ세의 죽음 인티오쿠스 Ⅲ세의 왕위 계승 프톨레미 Ⅳ세의 왕위 계승 제4차 시리아 전쟁 안티오쿠스 Ⅲ세의 패배 프톨레미 Ⅴ세의 왕위계승 안티오쿠스 Ⅲ세와 마케도니아의 빌립Ⅴ세 사이의 동맹 안티오쿠스 Ⅲ세의 팔레스틴 침략	• 안티오쿠스 Ⅰ세는 고올족과의 싸움에서 전사함 • 안티오쿠스 Ⅱ세의 영토 회복 • 프톨레미 Ⅲ세와 셀루쿠스 Ⅱ세가 각각 왕위 계승 • 프톨레미 Ⅲ세의 시리아 침공 셀루쿠스 Ⅱ세의 영토 회복 결과됨 • 20여년간 평화가 지속됨 • 데메트리우스 Ⅱ세의 마케도니아 왕위 계승 • 안티오쿠스 도손의 왕위 계승 • 셀루쿠스 Ⅲ세의 왕위 계승 • 셀루쿠스 Ⅲ세의 암살 • 프톨레미 Ⅲ세의 죽음 • 안티오쿠스 Ⅲ세의 팔레스틴 획득전쟁 • 7살에 왕이 됨 • 애굽 분할 조건 • 가사 정복
	셀루쿠스왕조 통치기	안티오쿠스 Ⅲ세의 팔레스틴 통치 셀루쿠스 Ⅳ세의 왕위 계승 안티오쿠스 Ⅳ세의 왕위 계승 야손이 유대의 대제사장 됨 메네라우스가 유대의 대제사장 됨 안티오쿠스 Ⅳ세의 애굽 침략 유대에 대한 헬라화 정책 강화 안티오쿠스 Ⅳ세의 유대의 탄압	• 첫째 아들 안티오쿠스 Ⅳ세는 로마의 볼모로 잡혀감 • 셀루쿠스 Ⅳ세의 암살 • 친 프톨레미파인 대제사장 오니아스 Ⅲ세와의 분쟁 종식 친 셀루크스파인 야손의 유대인 헬라화 정책 협조 조건 • 성전 모독, 약탈

구분		사건내역	은혜
독립 유대시대	마카비 혁명	제사장 맛다디아의 반란	• 헬라화 정책 반대 투쟁, 마카비 혁명의 시초
		맛다디아의 아들 유다(마카비)의 혁명	
		마카비의 시리아군 격퇴, 예루살렘 점령	• 성전의 재봉헌
		안티오쿠스 Ⅴ세의 왕위 계승	• 안티오쿠스 에피파네스의 죽음
		안티오쿠스 Ⅴ세의 예루살렘 포위	• 마게도냐의 시리아 진군으로 결국 유대와 시리아간에 화친이 이뤄짐
		알키무스의 대제사장 임명	• 헬라주의자
		데메드리오 Ⅰ세의 왕위 찬탈	• 안티오쿠스 Ⅴ세 살해됨
		엘라사 전투에서의 마카비 전사	
		마카비의 형제 요나단의 유대 통치	• 시리아의 권력 투쟁속에서 통치권을 강화시킴
		요나단의 살해됨	
		시몬 마카베오의 통치권 승계	• 요나단의 형제
유대 시대	하스몬 왕조	유대의 정치적 독립	
		힐카누스 Ⅰ세의 통치권 승계	• 시몬의 둘째 아들
		힐카누스와 로마의 동맹	• 로마의 이스라엘 독립 인정
		힐카누스의 영토 확장	• 사마리아 성전 파괴
		힐카누스의 사마리아 정복	• 독립의식 고취 시킴
			• 바리새파의 반대, 사두개파의 지지 얻음
		힐카누스의 사망	• 31년간 통치
		아리스토볼로스 Ⅰ세의 통치권 승계	• 레바논 북쪽까지 영토 확장
		알렉산더 얀네우스의 통치권 승계	• 다윗, 솔로몬 시대의 영토까지 회복
		바리새파의 반란	• 알렉산더 얀네우스의 바리새인 6천명 학살로 인함
			• 바리새파의 내분으로 진압됨
		얀네우스의 세겜 전투 패배	• 6000명의 유대인 지지
		얀네우스의 권력 회복	
		바리새파 800명 처형됨	
		니바테아인들의 유대 침략	• 알렉산더 얀네우스의 아내
		알렉산드라의 통치권 승계	• 알렉산드라의 맏아들
		힐카누스 Ⅱ세의 통치권 승계	• 알렉산드라의 막내아들 (친 사두개파)
		아리스토볼로스 Ⅱ세의 통치권 쟁탈	

구분	사건내역	은혜
로마시대	로마 폼페이 장군의 예루살렘 점령	• 79년간의 유대 독립과 하스몬 왕조의 종식
	힐카누스 II세의 대제사장 복위	
	알렉산더의 반란	• 아리스토볼로스 2세의 아들 • 로마 가비니우스 장군에 의해 진압
	유대 행정 장관으로 안티파터 임명	• 가이사(줄리어스 시이저)로부터 임명받은 실질적인 유대 통치자
	안티파터의 아들 파사엘과 헤롯이 각각 예루살렘과 갈릴리 총독이 됨	
	가이사의 암살사건	• 로마 삼두 정치 시대의 개막
	안티파터가 독살됨	
	헤롯과 파사엘의 유대 분봉왕 임명	
	파르티아인들의 예루살렘 침공	
	힐카누스 II세의 폐위	• 파사엘 죽음
	안티고누스의 통치권 장악	• 아리스토보로스 2세의 아들
	헤롯의 로마 도피	
	헤롯의 유대 분봉왕 임명	
	헤롯의 예루살렘 점령	• 안티고누스의 처형 후 B.C. 4년까지 전 팔레스틴의 왕으로 통치함
	가이사 아구스도의 로마 황제 즉위	
	헤롯의 왕궁 건축	
	헤롯의 예루살렘 성전 착공	
	헤롯의 세금 경감 정책	
	헤롯가의 내분	• 헤롯 안티파스가 최종 후계자로 지명됨
	예수그리스도의 탄생	
	동방박사 사건	• 헤롯의 유아 살해
	헤롯의 죽음	

10 복음시대

① 탄생과 어린시절 : 하나님의 아들 예수님이 이 땅에 오심
② 3년 사역 : 하나님 나라를 확장하기 위해 사역했던 3년
③ 십자가 : 인류의 구원을 위해 십자가를 지시고 죽으심
④ 부활 승천 : 죽음을 이기시고 부활하신 예수님

이미지로 외우기

※ 다음 이미지를 그리면서 외워보세요.

1

탄생과 어린시절

2

3년 사역

3

십자가

4

부활 승천

성경역사연대표

10. 복음 시대(B.C. 4 - A.D. 30)

구분	사건내역	성구	유대 제사장	헤롯왕가	로마총독
탄생과 어린시절	침례 요한의 출생 예고	눅1:5-25	맛디아	헤롯대왕	
	예수님의 탄생 예고	눅1:26-38	요셉		
	침례 요한의 출생	눅1:57-80			
	아구스도의 호적령	눅1:1,2			
	예수의 탄생 (BC 4)	눅2:1-7	요에셀		
			엘르아살		에트나르크
	예수님의 할례	눅2:21			아켈레오
	동방 박사들의 방문	마2:1-12			
	예수님의 애굽 피신	마2:13-15			
	헤롯 왕의 유아 살해	마2:16-18		유대의 분봉왕	
	헤롯 왕의 죽음	마2:19		헤롯 아켈레오	
	예수님의 이스라엘 귀환	마2:19-20		이두래 분봉왕	
				헤롯 빌립	
				갈릴리의 분봉왕	
			예수	헤롯 안디바	코포니우스
유년시절	예루살렘 성전 방문	눅2:41-52	안나스		암비비우스
			이스마엘		
	예수님의 지혜와 키가 자라시며 하나님과 사람에게 사랑스러워 가심	눅2:52	엘르아살		안니우스 루포
			시몬		발레리우스
					그라투스
공생애 시절	침례요한의 사역	마3:1-12	요셉 가야바		본디오 빌라도
	예수님의 침례 받으심	마3:13-17			
	예수님의 40일 금식기도	마4:1-11			
	예수님의 첫 세 제자	요1:35-42			
	빌립과 나다나엘의 소명	요1:43-51			
	가나에서의 첫 이적	요2:1-11			
	가버나움 방문	요2:12			
	유월절 예루살렘 방문	요2:13-25			
	예수님의 사마리아 사역	요4:1-42			
	제1차 갈릴리 전도	마4:12-17			
	네 제자를 부르심	마4:18-22			
	베드로의 장모 치유	마8:14,15			

구분	사건내역	성구	은혜
공생애시절	중풍병자를 치유	마9:1-8	
	마태를 부르심	마9:9-13	
	예수님의 예루살렘 방문	요5:1-9	
	12제자를 세우심	눅6:1-5	
	산상수훈	마5:1-7:28	
	나인성 과부 아들의 치유	눅7:1-10	
	제2차 갈릴리 전도	마12:9-21 눅8:1-3	
	나사렛에서 배척 당하심	마13:54-58	
	예수님의 12제자 파송	마9:35-11:1	
	침례요한의 죽음	마14:1-12	
	제3차 갈릴리 전도	마14:13-18:35	
	오병이어의 이적	마14:13-23	
	수로보니게 여인 딸의 치유	마15:21-28	
	베드로의 신앙 고백	마16:13-20	
	십자가 수난 예고	마16:21-28	
	변화산 사건	마17:1-13	
	초막절의 예루살렘 방문	요7:10-52	
	예수님의 70인 제자 파송	눅10:1-24	
	예수님의 베레아 전도	요11:1-54	
	마지막 전도 여형	눅17:12	
	열 문둥병자의 치유	눅17:12-19	
	어리석은 부자청년	마19:16-30	
	삭개오의 구원	요19:1-10	
	예수님의 최후의 만찬	마26:20-29	
	예수님의 체포 당하심	마26:47-56	
	예수님의 심문 당하심	마26:57-27:26 요18:13,14	
	십자가 수난과 운명	마27:35-38	
	예수님이 부활하심	마28:1-7	
	예수님이 여인들에게 나타나심	마28:9-10 요20:14-18	
	엠마오 두 제자의 예수님 목격	눅24:13-35	
	예수님과 열 제자의 재회	눅24:36-43	
	예수님과 열 한 제자의 재회	막16:14 요20:26-31	
	예수님과 일곱 제자의 재회	요21:1-25	
	예수님의 지상명령	마28:16-20	
	예수님의 승천	막16:19,20 눅24:50-53	

◈ 다양한 믿음의 요소들

번호	성 경	믿음의 내용	믿음의 말
1	막 9:17~29	______ 믿음	… 할 수 있거든
2	막 1:40~42	______ 믿음	… 원하시면
3	막 10:46~52	______ 믿음	불쌍히 여기소서
4	막 5:24~34	______ 믿음	내가 … 하면
5	마15:21~28	______ 믿음	내가 개라 할지라도

잠깐만!

⊙ 열두 사도의 행적

이름	별명	고향	직업	저서	사도들의 최후
베드로	시몬, 게바	벳세다, 가버나움	어부	베드로전•후서	복음전하다가 로마에서 거꾸로 십자가에 달려 순교
야고보	보아너게 (우뢰의 아들)	벳세다, 가버나움	어부		헤롯에게 목베어 순교
요한				요한복음, 요한1,2,3서 요한계시록	밧모섬에 유배되고 석방된 후 에베소에서 순교
안드레		벳세다, 가버나움	어부		엑스형 십자가에서 순교
빌립		벳세다			기둥에 매여 맞아 순교
바돌로매	나다니엘	갈릴리의 가나			아르메니아에서 전도하다 순교
도마	디두모	갈릴리			인도에서 전도하다 몽둥이에 맞아서 순교
마태	레위	가버나움	세리	마태복음	에디오피아에서 순교
야고보	알패오의 아들				애굽에서 전도하다 나무에 달려 순교
유다	다대오,리비오	갈릴리			앗수르와 바사에서 전도하다 활에 맞아 순교
시몬	가나안인, 셀롯	갈릴리			십자가에 못박혀 순교
유다	가룟	유다의 가룟			예수님을 팔고 자살함

A 정답

p66

• 회의적
• 소극적
• 적극적
• 의지적
• 무모한

11 교회시대

① 교회의 탄생 : 예수님의 승천 후 성령이 강림하고 교회가 세워짐

② 교회의 성장 : 성령이 충만한 제자들이 교회를 성장시킴

③ 교회의 핍박 : 복음을 전하는 곳마다 핍박으로 여러 지역으로 흩어짐

④ 교회의 확장 : 핍박을 피해 여러 지역으로 흩어져 복음을 전하자 교회가 놀랍도록 확장됨

이미지로 외우기

※ 다음 이미지를 그리면서 외워보세요.

1

교회의 탄생

2

교회의 성장

3

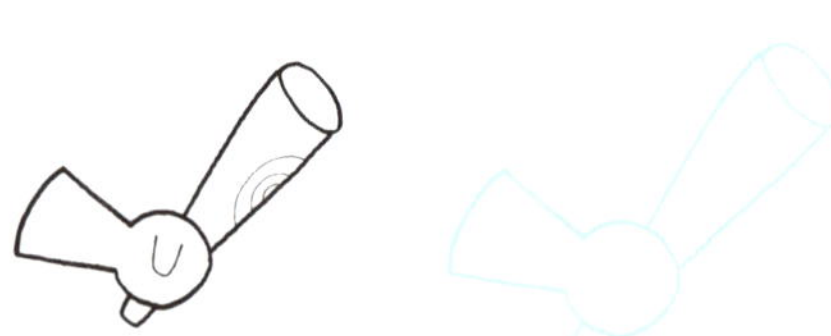

교회의 핍박

4

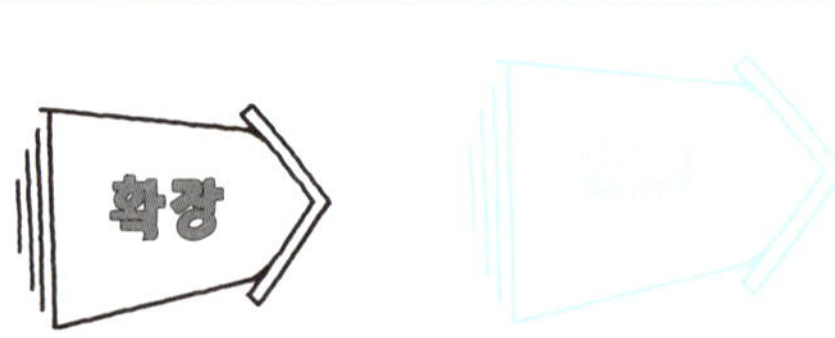

교회의 확장

12 선교시대

① 1차 선교여행 : 바울로 인해 복음이 이방인에게 전해짐

② 2차 선교여행 : 마게도냐 사람의 환상을 보고 유럽으로 복음을 전함

③ 3차 선교여행 : 바울이 1, 2차 전도 여행 때 세운 교회를 격려하고 양육하기 위한 여행

④ 로마 선교여행 : 바울이 자처하여 로마로 복음을 전하기 위한 여행

이미지로 외우기 ※ 다음 이미지를 그리면서 외워보세요.

1

1차 선교여행

2

2차 선교여행

3

3차 선교여행

4

로마 선교여행

성경역사연대표

11. 교회 시대, 12. 선교 시대(A.D. 30-100)

구분	사건내역	성구	은 혜
초대교회형성기	성령의 강림	행2:1-4	• 디베료 황제 즉위 (_____의 나타나심의 출발점)
	교회의 형성	행2:37-47	
	베드로의 앉은뱅이 치유	행3:1-10	
	사도들에 대한 핍박	행4:1-22	
	아나니아와 삽비라의 거짓과 죽음	행5:1-11	
	일곱 집사 선택	행6:1-6	
	스데반의 핍박받음과 죽음	행7:1-60	
변혁기	교회에 대한 핍박	행8:1-3	• ______________가 시작됨
	빌립 집사의 전도	행8:5-13	
	사도 베드로와 요한의 사마리아 방문	행8:14-25	
	에디오피아 내시의 구원	행8:26-39	
	사울의 회심	행9:1-19	• 다소-다메섹-직가-아라비아-안디옥
	다메섹으로 돌아온 바울	갈1:17	
	바울의 1차 예루살렘 방문	행9:26-30 갈1:17-20	• 15일 유함 • 가이우스 칼리굴라 황제 즉위
	바울의 다소 귀향	행9:30	
	베드로의 애니아 치유	행9:32-25	• 헤롯 아그립바 1세가 전 팔레스틴의 왕이 됨
	베드로의 다비다 치유	행9:3-41	
	고넬료의 구원	행10:1-48	
	안디옥의 헬라인에게 복음 전도	행11:19-21	• 글라우디오 황제 즉위
	바울이 안디옥에 옴	행11:22-26	
	세베대의 아들 야고보의 순교	행12:1,2	
	베드로의 투옥	행12:3-5	
	베드로의 출옥	행12:6-17	• ________에 의한 출옥
	헤롯의 죽음	행12:23	
	팔레스틴의 대 흉년	행11:28	
	바울의 제2차 예루살렘 방문	행11:30	• 예루살렘 구제 헌금 전달
번성	바울의 제1차 선교여행	행13:1-14:28	
	안디옥 교회의 바울, 바나바 파송	행13:1-3	
	구브로 섬에서의 사역	행13:4-12	
	소아시아 버가에서의 사역	행13:13	
	비시디아 안디옥의 선교사역	행13:14-49	
	이고니온과 루스드라의 선교사역	행13:51-14:18	
	더베로 감	행14:20,21	
	버가와 앗달리아의 선교사역	행14:21-26	
	바울의 제 3차 예루살렘 방문	행 15:1~29	• __________ 종교 회의
	글라우디오의 유대인 추방	행 18:2	

구분	사건내역	성구	은혜
확장기	바울의 2차 선교여행	행15:36-18:22	
	바울의 빌립보 선교	행16:12-40	
	바울의 데살로니가 선교	행17:1-7	
	바울의 베뢰아 선교	행17:10-15	
	바울의 아덴 선교	행17:16-34	
	바울의 고린도 선교	행18:1-18	• 1년 6개월 유함
	바울의 에베소 선교	행18:19-21	• 벨릭스가 유대 총독이 됨
	바울의 제3차 선교여행	행18:23-21:16	
	바울의 에베소 선교	행18:23-19:41	• ________황제 즉위
	바울의 마게도냐와 헬라선교	행20:1,2	
	바울의 고린도 선교	행20:3-5	
	바울의 드로아 선교	행20:6-12	
	바울의 밀레도 선교사역	행20:17-38	
	바울이 예루살렘으로 올라감	행21:17	
	바울이 체포됨	행21:27-36	
	바울이 로마로 호송됨	행25:11-28:15	• 베스도가 유대 총독이 됨
	바울이 로마 감옥에 투옥됨	행28:16-31	
	주님의 형제 야고보의 순교		
	바울의 석방		
시련기	로마의 대화재		
	네로의 기독교 박해		• 기독교도를 ________으로 누명
	유대인의 반란		
	바울의 순교		• AD 40년 추정
	베드로의 순교		• AD 40년 추정
	수리아 총독의 예루살렘 침입		• 갈바, 오토, 비켈리우스 3황제의
	베스파시안의 예루살렘 침입		베스파시안 황제 즉위
	디도의 예루살렘 점령		• 디도 황제 즉위
	산헤드린 공회의 폐지		
	마사다의 함락		
	도미티아누스의 기독교 박해		• 도미티아누스 황제 즉위
	요한이 밧모섬에 유배됨	계1:9	• 네르바 황제 즉위
	트라야누스의 기독교 박해		• 트라야누스 황제 즉위
	구약 정경 결정의 얌니아 회의		
	사도 요한의 죽음		• ________

잠깐만!

바울의 1차 선교여행

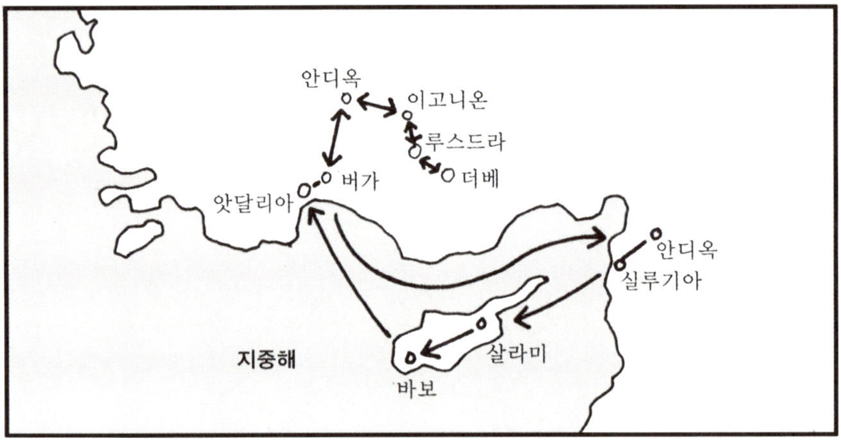

안디옥 – 실루기아 – 살라미 – 바보(구브로섬) – 앗달리아 – 버가 – 비시디아 안디옥 – 이고니온 – 루스드라 – 더베 – 루스르라 – 이고니온 – 비시디아 안디옥 – 버가 – 앗달리아 – 안디옥 도착

바울의 2차 선교여행

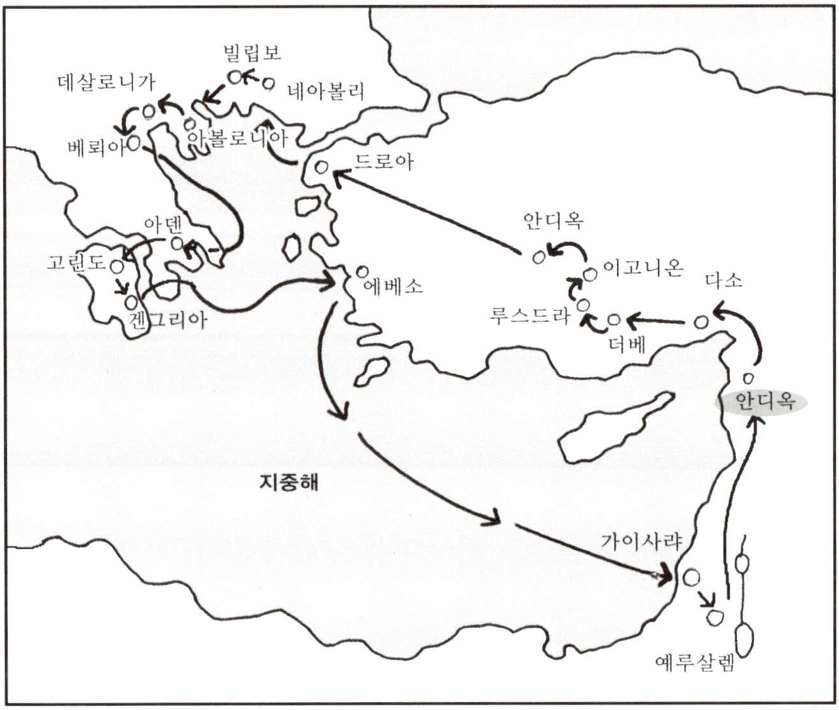

안디옥 – 다소 – 더베 – 루스드라 – 이고니온 – 비시디아 안디옥 – 드로아 – 네아볼리 – 빌립보 – 아볼로니아 – 데살로니가 – 베뢰아 – 아덴 – 고린도 – 겐그리아 – 에베소 – 가이사랴 – 예루살렘 – 안디옥

⊙ 바울의 3차 선교여행

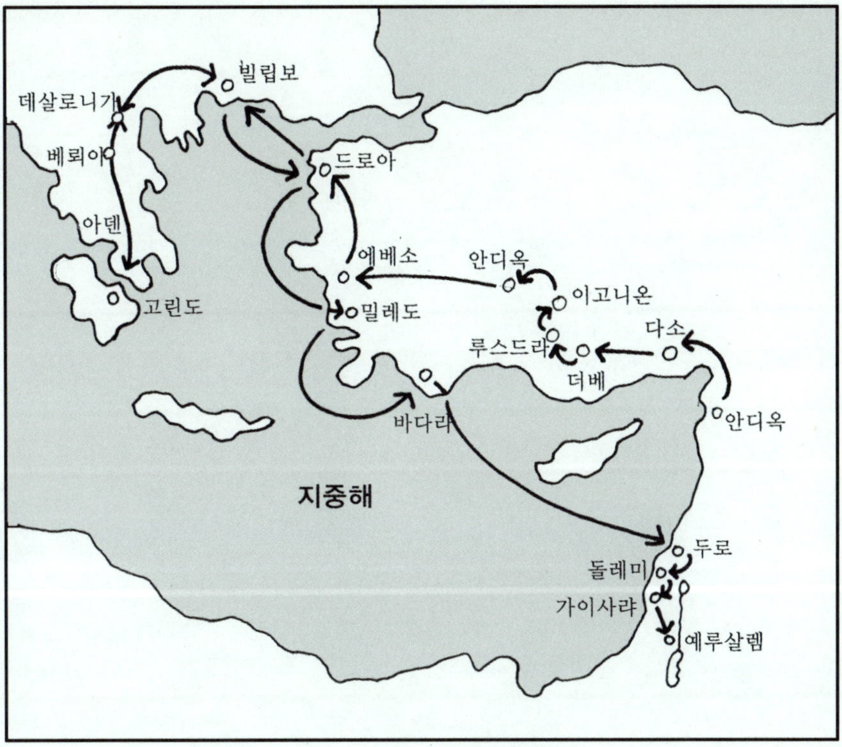

안디옥 – 다소 – 더베 – 루스드라 – 이고니온 – 안디옥 – 에베소 – 드로아 – 빌립보 – 데살로니가 – 베뢰아 – 아덴 –고린도 – 베뢰아 데살로니가 – 빌립보 – 드로아 – 밀레도 – 바다라 – 두로 – 돌레미 – 가이사랴 – 예루살렘(체포)

잠깐만!

바울의 로마 선교여행

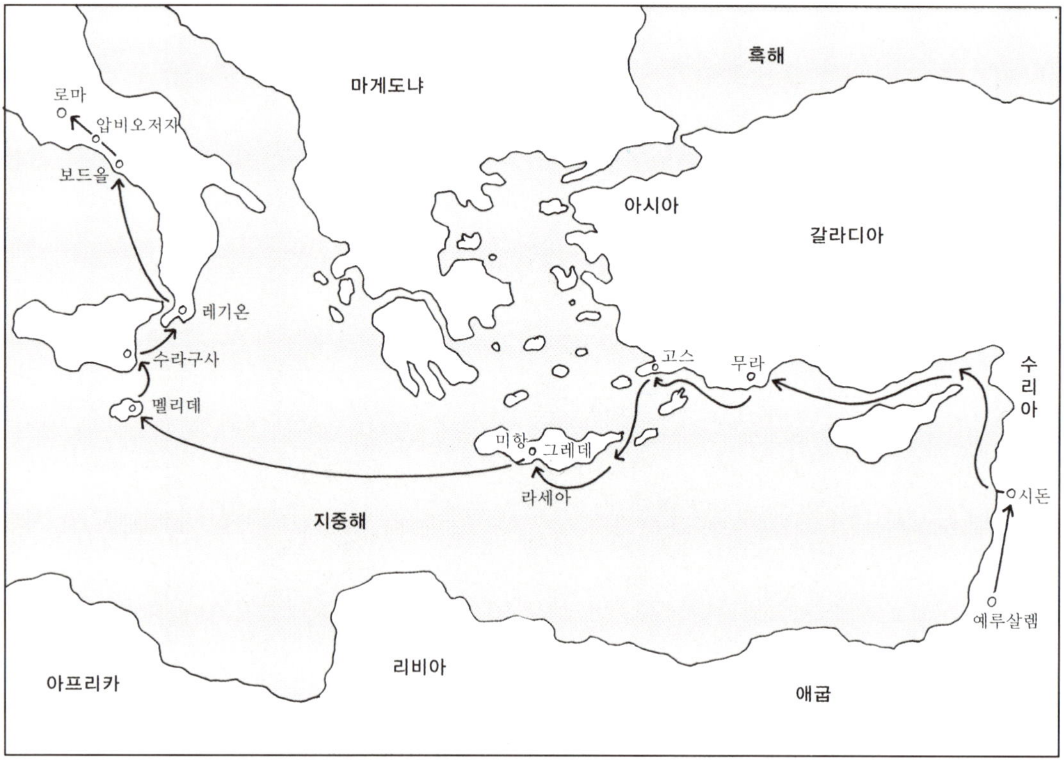

예루살렘 – 시돈 – 무라 – 고스 – 라세아 – 미항 – 멜리데 – 수라구사 – 레기온 – 보드올 – 압비오저자 – 로마

정답

p70
- 성령
- 디아스포라
- 천사
- 예루살렘

p71
- 네로
- 방화범
- 밧모섬

전체 복습하기 ❶

↓ 그림을 그리고, (　　)을 채우세요.

① 창조시대	하나님이 아름다운 세상과 인간을 (　　　　)하셨고, 노아가 방주를 만들었던 시대
② 족장시대	믿음의 조상인 (　　　　)을 비롯하여 이삭, 야곱, 요셉을 통해 히브리 민족이 태어나는 시기
③ 해방시대	400년간 노예로 고통받을 때 하나님이 (　　　　)시켜 약속의 땅으로 인도했던 시기
④ 정복시대	(　　　　)가 가나안 땅을 정복하고, 각 지파에게 땅을 분배했던 시기
⑤ 사사시대	왕이 없던 시기로 하나님이 보내주신 (　　　　)들에 의해 통치를 받던 시기
⑥ 통일왕국시대	이스라엘이 가장 왕성했던 시기로 120년 동안 이스라엘이 (　　　　)가 되었던 시기
⑦ 분열왕국시대	인간의 죄로 이스라엘이 (　　　　) 으로 갈라져 비참했던 시기
⑧ 포로시대	이스라엘 사람들이 바벨론의 포로로 끌려가 (　　)년간 고통받던 시기
⑨ 귀환시대	포로로 잡혀갔던 이스라엘 사람들이 하나님의 도우심으로 3차에 걸쳐 (　　　　) 시기
⑩ 복음시대	하나님의 아들이신 (　　　　)이 말씀을 성취하기 위해 이 땅에 탄생하시고, 사역하시고, 십자가에서 죽으시고 부활한 장엄한 시기
⑪ 교회시대	성령이 오셔서 (　　　　)가 세워지고, 교회가 왕성하게 성장했던 시기
⑫ 선교시대	사도 (　　　　)이 복음을 듣지 못한 여러 나라에 전도했던 시기

전체 복습하기 ❷

➲ 성경 열두 시대의 포인트를 적어보세요.

시 대	주요 내용
 시대	① ________ : 아름다운 세상을 하나님의 말씀으로 창조하심 ② ________ : 죄와 고통이 세상 안으로 들어옴 ③ ________ : 미래를 준비한 아름다운 한 사람 ④ ________ : 인간들이 높아지려는 교만함으로 무너진 탑
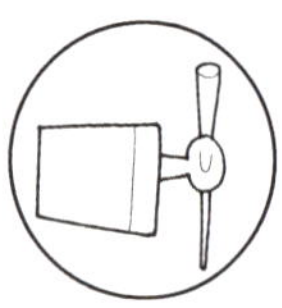 시대	① ________ : 히브리 민족의 조상이자 믿음의 조상 ② ________ : 순종의 아들이며 언약의 다리를 놓아준 사람 ③ ________ : 축복을 위해 치열하게 살았던 이스라엘 국가의 조상 ④ ________ : 꿈꾸는 소년에서 애굽의 총리까지 된 인물
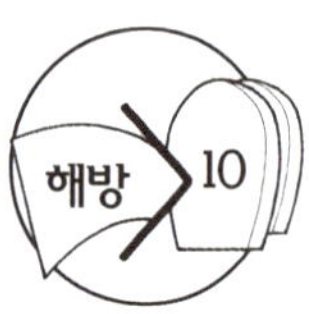 시대	① ________ : 힘겨운 노예 생활에서 해방된 이스라엘 ② ________ : 시내산에서 백성들에게 주신 하나님의 계명 ③ ________ : 가데스 바네아에서 하나님을 반역한 무리들 ④ ________ : 하나님을 거역한 백성들의 제자리 걸음
 시대	① ____________ : 하나님의 능력으로 요단강이 갈라지다 ② ____________ : 하나님의 힘으로 무너진 견고한 성 ③ ____________ : 가나안 족속을 멸망시키다 ④ ____________ : 이스라엘 12지파에게 땅을 나누어 줌
 시대	① ____________ : 이스라엘 백성들을 인도했던 지도자들 ② ____________ : 하나님의 말씀을 어기고 마음대로 산 백성들 ③ ____________ : 반복하여 죄를 짓고 고통스러워하는 백성들 ④ ____________ : 예수님의 족보에 올라간 이방 여인
 시대	① ________ : 이스라엘 초대 왕으로 하나님께 버림받은 비극적인 왕 ② ________ : 하나님께 인정받았던 위대한 왕 ③ ________ : 이 세상 최고의 지혜를 가졌으나 우상숭배로 비참한 왕

시　　대	주요 내용
 ______ 시대	① ______ : 솔로몬의 우상숭배로 이스라엘이 갈라짐 ② ______ : 하나님께 버림받았던 비참한 왕국 ③ ______ : 하나님을 잘 섬겼다가, 섬기지 않았다가 했던 어리석은 왕국
 ______ 시대	① ______ : 다가올 포로 생활을 눈물로 호소했던 예레미야 ② ______ : 포로 생활 속에서도 고통과 고난 속에서 말씀을 전한 에스겔 ③ ______ : 포로의 슬픔 속에서 장차임할 영광을 선포한 다니엘
 ______ 시대	① ______ : 70년 노예 생활이 끝나고, 3차에 걸쳐 돌아옴 ② ______ : 1차 귀환 후에 백성들은 폐허가 된 예루살렘에서 먼저 성전을 재건 ③ ______ : 2차 귀환 후에 에스라가 백성들에게 율법을 가르침 ④ ______ : 느헤미야는 무너진 성벽을 재건하여 적들에게 조롱받지 않도록 함
 ______ 시대	① ______ : 하나님의 아들 예수님이 이 땅에 오심. ② ______ : 하나님 나라를 확장하기 위해 사역했던 3년 ③ ______ : 인류의 구원을 위해 십자가를 지시고 죽으심 ④ ______ : 죽음을 이기시고 부활하신 예수님
 ______ 시대	① ______ : 예수님의 승천 후 성령이 강림하고 교회가 세워짐 ② ______ : 성령이 충만한 제자들이 교회를 성장시킴 ③ ______ : 복음을 전하는 곳마다 핍박으로 여러 지역으로 흩어짐 ④ ______ : 핍박을 피해 여러 지역으로 흩어져 복음을 전하자 교회가 놀랍도록 확장됨
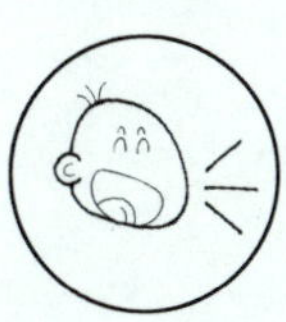 ______ 시대	① ______ : 바울로 인해 복음이 이방인에게 전해짐 ② ______ : 마게도냐 사람의 환상을 보고 유럽으로 복음을 전함 ③ ______ : 바울이 1, 2차 선교 여행 때 세운 교회를 격려하고 양육하기 위한 여행 ④ ______ : 바울이 자처하여 로마로 복음을 전하기 위한 여행

전체 복습하기 ❸

◈ 성경 열두 시대의 주요 내용을 그림으로 그려 보세요.

1 시대

2 시대

3 시대

4 시대

5 시대

6 시대

7 시대

8 시대

9 시대

10 시대

11 시대

12 시대

해피비전
HAPPY